G. W. F. Hegel
Eine Einführung

黑格尔入门

[德] 蒂娜·埃蒙茨　罗尔夫-彼得·霍斯特曼 著

黄钰洲 译

中国出版集团 东方出版中心

图书在版编目（CIP）数据

黑格尔入门 / （德）蒂娜·埃蒙茨，（德）罗尔夫－彼得·霍斯特曼著；黄钰洲译. －上海：东方出版中心, 2024.5（2024.7重印）

ISBN 978-7-5473-2378-6

Ⅰ.①黑… Ⅱ.①蒂… ②罗… ③黄… Ⅲ.①黑格尔（Hegel, Georg Wilhelm Friedrich 1770-1831）－哲学思想－研究 Ⅳ.①B516.35

中国国家版本馆CIP数据核字（2024）第075249号

G. W. F. Hegel. Eine Einführung

By Emundts / Horstmann

©2002 Philipp Reclam jun. Verlag GmbH

Simplified Chinese Translation copyright ©2024 by Orient Publishing Center.

ALL RIGHTS RESERVED.

上海市版权局著作权合同登记：图字09-2024-0286

黑格尔入门

著　　者	[德]蒂娜·埃蒙茨　罗尔夫－彼得·霍斯特曼
译　　者	黄钰洲
责任编辑	陈哲泓
装帧设计	陈绿竞

出 版 人　陈义望
出版发行　东方出版中心
地　　址　上海市仙霞路345号
邮政编码　200336
电　　话　021-62417400
印 刷 者　上海万卷印刷股份有限公司

开　　本　890mm×1240mm　1/32
印　　张　4.5
字　　数　58千字
版　　次　2024年5月第1版
印　　次　2024年7月第2次印刷
定　　价　45.00元

目 录

前　言

本书基于 1994 年为爱德华·克雷格主编的《劳特里
奇哲学百科全书》（*Routledge Encyclopedia of Philo-sophy*）撰写的一篇关于格奥尔格·威廉·弗里德里希·黑格尔的英语文章，该书于 1998 年出版。这篇文章经过了全面的修订，尽可能地进行了更新，并为本导读的目的进行了大幅扩充。

如能注意以下提示，阅读起来会更容易：黑格尔著作中的引文通常按照苏尔坎普出版社出版的理论版（*Theorie-Werkausgabe*）标注卷次和页码，但不标注文献名称缩写。《逻辑学》（*Wissenschaft der Logik*）第一版的引文，根据莱茵-威斯特伐利亚科学院的版本，使用缩写 GW 并标明卷次和页码。《哲学科学百科全书》（*Enzyklo-pädie der philosophischen Wissenschaften*）和《法哲学原理》（*Grundlinien der Philosophie des Rechts*）按各自的段落引用，两部著作缩写为 *Enz.* 和 *Rph.*，并注明引用版本的出版年份。伊曼努埃尔·康德的《判断力批判》也按段落引用，缩写为 *KdU*。[①]

8　　所附的文献提示实际上只是提示而已，它们旨在为进一步的研究提供文献支持。这些参考文献是按照正文中相应章节顺序排列的。

　　此外，应该记住的是，入门从来不会声称在任何方面穷尽了其对象，它只提供导引。

蒂娜·埃蒙茨、罗尔夫-彼得·霍斯特曼

柏林，2001 年 10 月 25 日

---

① ［译注］按照德文版的模式，仅标注卷次的为理论版，历史考订版标注为
　　"《全集》"，《哲学科学百科全书纲要》《法哲学原理》和《判断力批判》标
　　注书名。

引　言

如果要用几句话来概括黑格尔哲学的特点，那么
可以给出如下简要总结：格奥尔格·威廉·弗里德里
希·黑格尔是后来被称为德国唯心论哲学运动的最后
一位主要代表人物。除了黑格尔以外，德国唯心论者
主要包括费希特和谢林，该运动产生于 18 世纪末，尤
其是对康德哲学的反应，在 19 世纪 30 年代之前一直
在德国哲学生活中扮演着重要角色。和其他德国唯心
论者一样，黑格尔也坚信康德哲学并非哲学的定论，
因为它的手段无法用来构想关于现实的统一理论。在
黑格尔和他的两位唯心论先行者看来，关于现实的统
一理论是一种能够从一个唯一的本原或事态出发，以
体系的方式解释一切现实形式的理论。对黑格尔来说，
现实的形式不仅包括太阳系、物体以及各种现象形式，
如植物、动物和人类这样的有机生命，还包括心理现

象、社会和国家组织形式，以及典雅艺术产品和如宗

教、哲学这样的文化成果。在黑格尔看来，从一个唯一的本原出发，以体系的方式解释所有这些形式，即建立关于现实的统一理论，是哲学不容推卸的一项任务，因为只有这样的理论才能用知识取代信仰。与其他德国唯心论者的方案一样，黑格尔以克服信仰作为目标，这将他的哲学方案置于德国启蒙哲学的宏观语境下。

黑格尔据以解释一切现实的本原乃是理性。正如黑格尔所理解的，理性并非属于某个主体的某种属性，而是一切实在的总和。根据这一观点，黑格尔认为理性与现实具有严格的同一性：只有理性才是现实的，只有现实才是合乎理性的。推动黑格尔将理性与现实同一化的理由具有不同性质。一方面，植根于黑格尔神学信念中的动机发挥了作用。根据这些动机，我们必须能够以哲学的方式阐释现实的总体性，而这种阐释又是对基督教基本教条的一种辩护。另一方面，需要指出黑格尔关于理性与现实同一性的论断的认识论信念。这些信念包括以下假设：①只有现实是合乎理性的，关于现实的知识才是可能的，否则对于现实是无法获得认识的；②只有现实的东西才能被知道。

　　然而，黑格尔认为，被思考为一切现实的理性，绝不能按照斯宾诺莎的实体模式来理解。毋宁说，理性应被思考为一个过程，其目标是通过自身来认识理性。既然理性就是一切实在，那么当理性认识到自身就是一切实在时，这个目标就达到了。哲学的任务就是呈现理性自我认识的这一过程。黑格尔依据有机发展的模式来构想这一过程，这种发展发生在不同的层面上。引导黑格尔之构想的基本观念是，理性应按照活生生的有机体的范本来理解。一个活生生的有机体被黑格尔思考为一种本质，这一本质呈现着一个计划的成功实现，其中包含了该本质的所有个体特征。黑格尔把这个计划称为一种本质的概念，而他把这个计划的成功实现设想为一个发展过程的结果，在这个进程中，每一个体特征都获得了实在性。根据这些规定，黑格尔区分了理性的概念和这一概念的实现过程。黑格尔在其体系中被称为《逻辑学》的部分对理性概念进行了阐述。在这一体系的第一部分中，理性概念的各个要素得到了讨论，并被置于一种体系的语境中。黑格尔在其体系的另外两个部分，即《自然哲学》（*Philosophie der Natur*）和《精神哲学》（*Philosophie des Geistes*）中阐述了这一概念的实现过程。除了证明

12 黑格尔意义上的理性之为一切实在的体系功能，这两部分还各自具有特定的质料功能。在自然哲学中，黑格尔关注的是将自然现象的总体描述为一个由越来越复杂的事态组成的体系。这一体系以简单的空间、时间和物质概念为开端，以动物有机体理论结束。精神哲学探讨实在的各种心理、社会和文化形式。它的特点是假定存在某些如真正的精神事态般的东西，它们不能被描述为具有意识的个人的主观状态，而是具有一种独立的客观实存。在黑格尔看来，这些事态的例子就是国家、艺术、宗教和历史。

尽管黑格尔哲学的形而上学背景相对抽象，难以与常识相协调，但他在分析具体事态时仍能得出独到见解，这使他在哲学讨论中占据了一席之地，尽管对当代读者而言，这些见解更多是有趣的假设，而非普遍接受的真理。这些见解中较少包括他在自然哲学方面的成果，这些成果早已遭到了专业自然科学家的猛烈抨击。这些独到见解更多地涉及认识论以及法哲学、

13 社会哲学和文化哲学领域。因此，黑格尔被认为是这一论题敏锐而原创的代表，即我们的客观性概念在很大程度上是由社会因素所决定的，而社会因素在认识主体的构成中也发挥着一种根本的作用。他对 17 世纪

和 18 世纪自然法构想的批判，以及他自己对现代世界法的起源和意义的思索，都对法理论产生了有据可查的影响。黑格尔对社会制度和国家制度之间的关系和相互作用的分析，已成为影响广大的社会理论特别是马克思社会理论的组成部分。黑格尔关于艺术理论、宗教哲学和历史哲学的核心论述也是如此。所有这些论述都对各自的对象提出了观点，而这些观点已被证明是理解这些对象的重要辅助手段。他对哲学史的思考可以说开创了哲学史作为一门哲学学科的先河。所有这些都表明，黑格尔是一位极具影响力的哲学家。然而，如果说他的哲学仍然极具争议性的话，这主要是因为他对传统思维习惯毫不妥协的斗争，以及他试图建立一种不同于哲学传统的现实观的努力，以大量的模糊性和晦涩性而著称。很不幸的是，这些特点也影响到了对他哲学的每一次阐述，下文也将会展现出这样的特点。

生平和著作

格奥尔格·威廉·弗里德里希·黑格尔于 1770 年
8 月 27 日出生于斯图加特的一个符腾堡公务员家庭。
在斯图加特的文理中学就读后，他于 1788 年秋开始在
图宾根的新教神学院学习，目的是成为一名新教牧师。
他的同窗好友包括弗里德里希·威廉·约瑟夫·谢林
和弗里德里希·荷尔德林。顺利完成学业后，黑格尔
于 1793 年秋接受了瑞士伯尔尼的一个家庭教师职位。
他在那里一直待到了 1796 年底。1797 年 1 月至 1800
年底，黑格尔作为家庭教师住在美因河畔法兰克福，
在那里他再次与荷尔德林有了直接的接触，后者对他
早期的哲学信念具有重要意义。一笔留给他的遗产让
黑格尔得以放弃家庭教师的职位，转而追求自己的学
术抱负。1801 年初，他前往耶拿。他的同窗好友谢林
作为费希特的继任者在耶拿大学教授哲学。在谢林的

大力支持下，黑格尔于1801年秋以一篇自然哲学的作品取得了教授资格。起初，谢林和黑格尔密切合作，他们从1802年起共同出版的一本哲学杂志即是明证，但该杂志在谢林于1803年离开耶拿之后就停刊了。

16　1805年，黑格尔被任命为非常任教授。由于财务困难，他不得不于1806年秋结束在耶拿大学的工作。经好友伊曼努埃尔·尼特哈默（Immanuel Niethammer）斡旋，黑格尔于1807年3月接任了班贝格一家日报的编辑一职。随后，尼特哈默又确保黑格尔于1808年11月被任命为纽伦堡一所文理中学的校长兼教授。在这个教学岗位上工作了几年后，黑格尔设法回到了大学。1816年，他接受了海德堡大学的邀请，并于1818年离开海德堡大学，前往柏林大学担任费希特的教席继任者。在这里，黑格尔作为一名学术教师产生了相当大的影响，并成功地使自己的哲学学说在同时代讨论中占据了主导地位。1831年11月14日，黑格尔在柏林死于霍乱疫情，当时他正处于声名最盛的时期。

黑格尔的作品可分为三组文本：①由黑格尔撰写并在其生前发表的文本，②由他撰写但未在其生前发表的文本，以及③既非由他撰写也未在其生前发表的文本。黑格尔早期法兰克福时期的两个文本不属于这一范畴。第一个是黑格尔1798年匿名发表的对伯尔尼律师卡特关于瓦特邦政治状况的文章的翻译和评注，这也是他发表的第一部著作。第二个文本则是出自同一时期的残篇，以《德国唯心论体系纲领》为名而为人所知。虽然这个文本出自黑格尔之手，但黑格尔的作者身份仍有争议。

就第一组文本而言，其中所包含的著作始于黑格尔耶拿时期之初的哲学处女作《费希特与谢林哲学体系的差异》（*Differenz des Fichte'schen und Schelling'schen Systems der Philosophie*）（1801年），同年，他又完成了教授资格论文《论行星轨道》（*De Orbitis Planetarum*）。1802—1803年，黑格尔在他与谢林共同编辑的杂志《哲学批判期刊》（*Kritisches Journal der Philosophie*）上发表了多部作品，其中最重要的作品是《信仰与知识》（*Glauben und Wissen*）、《怀疑论与哲学的关系》（*Verhältnis des Skeptizismus zur Philosophie*）和《论自然法的科学探讨方式》（*Über die wissenschaftlichen Behandlungsarten des Naturrechts*）。他的第一部巨著《精神现象学》（1807年）是在耶拿任教生涯行将结束和班贝格逗留之初出版的。在纽伦堡文理中学的八年里，黑格尔出版了三卷本的《逻辑学》（1812

年、1813 年和 1816 年）。在海德堡，他的体系的完整阐述，即《哲学科学百科全书纲要》（*Enzyklopädie der philosophischen Wissenschaften im Grundrisse*）（1817 年）首次出版，在柏林时期，他又出版了两个经过扩充、大幅修改的版本（1827 年和 1830 年）。在柏林时期，他还出版了《法哲学原理：自然法和国家学纲要》（*Naturrecht und Staatswissenschaft im Grundrisse. Grundlinien der Philosophie des Rechts*）（1821 年）。除此之外，黑格尔生前只出版了一些较小的作品，其中一些是他为时局而写，另一些则主要是为他自 1827 年起与人合编的《科学批判年鉴》（*Jahrbücher für wissenschaftliche Kritik*）而作。这些作品也包括他的最后一部著作《论英国改革法案》（*Über die englische Reform-Bill*）（1831 年）。

第二组文本包含黑格尔撰写但并未由他出版的文本。几乎所有这些文本其实都是在 20 世纪才以相当可信的形式面世的。它们主要分为三组。第一组是黑格尔从图宾根学生时代到耶拿时期结束时的手稿，其中最重要的是所谓的《青年时期神学著作》（*Theologische Jugendschriften*），在威廉·狄尔泰的促成下，他的学生赫尔曼·诺尔（Hermann Nohl）于 1907 年出版了该著作。如今，它们被称为黑格尔的早期著作。这一时期的其他重要著作还有三个耶拿体系草稿，它们是黑格尔在 1803 年至 1806 年间写的，部分是为了出版，部分是作为他的讲座的底稿。黑格尔没有发表的第二组文本是他在纽伦堡时期的作品。黑格尔的第一位传记作者卡尔·罗森克朗茨（Karl Rosenkranz）将这些作品摘录为《哲学入门》（*Philosophische Propä-deutik*，1840 年）。在这些文本中，黑格尔试图将自己的哲学观点呈现为一种形式，以便它们可以在文理中学课程的框架下予以处理。第三组文本是黑格尔在海德堡和柏林讲座时写下的手稿和笔记。其中一些业已 ¹⁹ 收录在黑格尔的学生和朋友作为黑格尔作品出版的版本中。

第三大组是既非由黑格尔撰写也非由黑格尔出版的文本。这些文本几乎占黑格尔作品第一部全集，《故人之友协会全集》（*Vollständige Ausgabe durch einen Verein der Freunde des Verewigten*，1832—1845 年）所收文本的一半。其中包括对黑格尔的影响来说非常重要的美学、历史哲学、哲学史和宗教哲学讲座。在其具有影响力的形式中，这些文本乃是学生的产物，大部分是对黑格尔的讲座记录稿予以汇编的成果。一些对黑格尔的广泛影响起决定性作用的文本具有二手材料的地位，但这一值得注意的事实却很少得到足够重视。

1832年至1845年间出版的第一版黑格尔全集尽管已被证明具有巨大的影响力，在历史和考订方面却非常不可靠。自20世纪初以来，曾多次有人尝试编辑新的全集。迄今为止，这些尝试都没有取得成功。自1968年以来，一个新的历史考订版全集已经在进行编辑［《全集》（*Gesammelte Werke*），莱茵-威斯特伐利亚科学院编］，在本书的写作完成时，其中的18卷业已问世。

体系的发展

青年时期著作

黑格尔思想生涯的开端，与其说是出于哲学抱负，不如说是出于大众启蒙和大众教育的兴趣。与他的同窗好友荷尔德林和谢林不同，他们的活动非常直接地涉及哲学内部的讨论，而黑格尔的早期工作则旨在寻找"介入人类生活"的可能性（1800年11月2日黑格尔致谢林的信）。他把分析宗教（尤其是基督宗教）对于个人和一个民族的社会语境所必定发挥的作用以及产生的结果，视作这些努力契合时代的出发点。这一进路中包含了两种不同的关切：一方面，黑格尔希望通过对宗教的批判，表明宗教是如何成为一种敌视生命的力量的——它通过恐惧起作用并要求人们服从；另一方面，他希望理解宗教在何种条件下可以作为人类和社会生活中的生产性因素而蓬勃发展。在这一早期阶段（约1793—1800年），黑格尔从这两个方面对宗教的探究一方面受到卢梭文化批判和社会理论著作以及康德宗教哲学的强烈影响，另一方面也受到了与他在图宾根的学院神学教师（戈特利布·克里斯蒂安·施托尔、约翰·弗里德里希·弗拉特）神学立场之争辩的影响。这一时期最重要的作品是以残篇的形式保存下来的文本，它们以《基督教的实证性》（*Die Positivität der christlichen Religion*，1795—1796 年）和《基督教的精神及其命运》（*Der Geist des Christentums und sein Schicksal*，1798—1799 年）为人所知。

黑格尔的宗教批判围绕着"实证宗教"这一概念展开。在他看来，一种实证宗教是指其内容和信仰原理无法为人的理性所理解的宗教，这就造成了，它在人看来是反自然的和超自然的，并被人经验为基于权威和命令服从。在黑格尔看来，实证宗教的典型就是犹太教。此时，黑格尔认为，基督教在其历史进程中也成为一种实证宗教，使人与自己及其同胞异化了。他试图指出文化和社会发展乃是造成这种转变的原因。黑格尔将实证宗教的概念与自然宗教的概念进行了对比。自然宗教的特点是其教义符合人的自然。当一种宗教允许或促进人们与自己和他人和谐相处时——而这意味着，除此之外，与他们的需要、倾向和经过深

思熟虑的信念协调一致，并且不被他人异化——那么
它就符合人的自然。依据这种对立，黑格尔认为犹太教的实证宗教与耶稣所代表的自然宗教之间的关系是这样的：基督教不是简单地取代了实证宗教，而是通过耶稣扬弃了神与人的绝对对立，实证宗教的律法就被克服了，而这种律法对人来说是由一种外在力量给予他的："耶稣用人来反抗犹太人的实证性，用德行来反抗律法及其义务，在这些方面，实证的人之不道德就被扬弃了。"（第一卷，第 336 页）

黑格尔把他关于人与自身（以及与他人）和谐相处的价值的观点——其中包含了斯多葛伦理学的动机，而斯多葛伦理学对康德的实践哲学也产生了重要影响，并通过卢梭传播开来——建立在对爱与生命的准形而上学构想之上。它从根本上要归功于荷尔德林的哲学进路，黑格尔在法兰克福期间再次与荷尔德林有了密切接触。根据在《关于宗教和爱的草稿》（*Entwürfe über Religion und Liebe*，1797—1798 年）中阐述的这一构想，存在着某种如伦理之爱的情感，它超越了人与自己以及他人可能陷入的一切分裂和撕裂，使人经验到他自己的那种与他人和自己的统一："只有在爱里面，人才与客体合而为一，爱既不统治人，也不被人

统治。"（第一卷，第242页）黑格尔将这种在爱中感受到的结合等同于神圣之物："在主体与客体或自由与自然被认为是以这样一种方式结合在一起的地方，自然即是自由，主体与客体不能分离，此处就是神圣之物。"（同上）然后，黑格尔能够在其中看出，一种自然宗教之所以可以成为实证宗教，就在于这种结合被想象力提升为一种超乎人的理想，它作为一个异己的权威而与没有感受到这种结合的人相对立："这种被想象力变成本质的爱就是神性；被分离的人就会对它产生敬畏和敬重——在自身中统一的（人拥有）爱。"（同上）这种爱的情感无法用哲学的手段恰如其分地表达，因为哲学是建立在反思和（概念）分离的基础上的。因此，所谓的《1800年体系残篇》指出："哲学之所以必须停止在宗教前面，正因为哲学是一种思维，即有时以非思维作为它的对立，有时又有思维者与被思之物的对立；[……]有限物之提升到无限物正是由此才表明自己为有限生命之提升到无限生命、宗教，它没有把无限之物的存在设定为通过反思得来的一种存在，设定为一种客观或主观的存在。"（第一卷，第422页及以下）当黑格尔后来放弃这个把哲学扬弃在宗教中的论题时，他这样做显然不是与整个早期的构想相矛盾，而是说，他形成了一种思辨思维的类型，就此而言，思辨思维不再以这里所揭示的思维的界限为特征，而是必须与一种思维方式区分开来，此种思维方式具有这里表征哲学的局限性。这种受限制的思维就是黑格尔所称的"反思哲学"的特征。

根据这一早期构想，爱的情感强烈地指向现实的真正构成——而这里形而上学开始发挥作用——现实的真正构成在于统一性，它是一切分离和对立的基础，并使它们成为可能。这种必须作为统一来思维的现实，黑格尔称之为"生命"或"存在"。黑格尔在法兰克福时期末期所做的努力，就是以一种充分差别化的方式来思考如此把握的现实。在此过程中，他主要追求的目标是将生命构想为一个既产生对立又扬弃对立的过程，而这个过程可以被理解为产生和扬弃的动态统一。在所谓的《1800年体系残篇》中，黑格尔创造了"生命是联系与非联系的联系"（第一卷，第422页）的公式，来表述他所设想的生命这一复杂结构。这个公式和它所依据的生命概念已经明确地指向了黑格尔后来的有机形而上学。

耶拿时期著作

黑格尔在耶拿期间（1801—1806 年）创作的作品可分为批判性和体系性两类。批判性著作包括他的第一本哲学著作《费希特与谢林哲学体系的差异》，以及他于 1802—1803 年在《哲学批判期刊》杂志上发表的大部分论文。正如《信仰与知识》（1802 年）一文的标题所指出的那样，黑格尔在这些文章中以批判当时的哲学，特别是康德、雅各比和费希特的立场为己任，指责他们从事的是"主体性的反思哲学"。在黑格尔看来，反思哲学最初被规定为一个时代、一种历史处境的表达。这样一个时代已经深陷于教化的诸种分裂，而此种教化乃是被视为分离和孤立的知性的产物，以至于它不可能克服分裂，恢复被知性撕裂的和谐。受制于这一时代的哲学也有着同样的命运，因为它无法扬弃（至少在思维中）以分裂的具体形式出现的实存着的对立。因为即使在哲学追求克服这些对立——按照黑格尔的说法，这是"理性的唯一旨趣"——并就此而言涉及对统一或和谐的某种观念的地方，在黑格尔看来，哲学仍然受制于其时代的条件，并只能得到新的、更尖锐的对立。现在，如果我们考察这些不同的对立所基于的普遍形式，那么我们可以根据黑格尔的观点将它们描述为主体和客体之间的对立（第二卷，第20页及以下）。黑格尔认为，反思哲学克服这种对立的尝试之所以失败，是因为它们在很大程度上是抽象的，也就是说，它们不是忽略对立的主体因素，就是忽略对立的客体因素，并通过进行这种忽略、抽象，宣称对立已经迎刃而解。如果从主体中抽象出来，那么就会像黑格尔所说的那样使客体绝对地予以设定，并使主体从属于客体。这是黑格尔意义上的所有实证宗教的特征。如果从客体中抽象出来，那么就把主体绝对地予以设定，那么就会认为客体依附于主体。黑格尔指责的正是康德、雅各比和费希特哲学中的这种主体的片面绝对化，因此，他把他们的理论指称为主体性反思哲学的各种形式。

不同于他所批判的哲学立场，在耶拿早期，黑格尔与谢林一样，认为只有通过同一哲学的手段才能克服上述主体与客体之间的对立。同一哲学构想的特征在于以下预设：①关于一切对立都有一种统一，这种统一必须被视为对立面的统一性；②每一对立面都不过是以各个对立面的形式而存在的、被赋予它们的统一。这些预设表明，主体与客体对立的克服应被理解为一个重建统一的过程，而统一正是对立的基础，并使对立得以可能。根据黑格尔当时所推崇的构想方案，同一哲学所要重建的统一在术语上被把握为"主体—客体"，而主体和客体自身则分别被描述为"主观的主体—客体"和"客观的主体—客体"。那么，重构主体—客体的同一哲学过程就在于认识到主观的主体—客体和客观的主体—客体所具有的特定的片面性或对立性，并以此洞察主体—客体之为统一的内部结构，即这种统一乃是这两个对立事态的基础并首先使它们得以可能。尽管黑格尔并未长期坚持使用这一术语，但在耶拿的大部分时间里，他始终致力于从统一所包含的诸种对立中发展出一个被全面地予以思维的统一的计划。为了描述这样一个旨在实现统一的过程，黑格尔进行了各种尝试，最终形成了各种体系模式。它们都包含——尽管名称不同，有时内部也有各种差别——一门最初被黑格尔称为"逻辑学和形而上学"的学科，以及所谓的"实在哲学"，即自然哲学和后来被称为"精神哲学"的学科。

这里值得注意的是，在这些不那么强烈地与谢林处于争辩的时期所获得的阐述中，黑格尔主要表达了这样一种思想，即绝对不仅必须被思考为对立面相互之间的统一，而且这种关系必须这样发展，即对立面之间的差别产生于绝对，通过这种方式，绝对或统一就由区分来规定了。黑格尔在1802年发表的《论自然法的科学探讨方式》一文中对这一构想的勾勒可简要概述如下：作为"对立面之统一"的绝对在这里被称为"统一性与复多性的统一"。统一性和复多性的统一可以通过两种方式来规定，即作为实在的关系的统一，或者这样，即这种实在性被扬弃了。在黑格尔看来，第一种规定产生于，统一性和复多性的统一被规定为复多性，这意味着统一性和复多性被设定为肯定的，或者说它们应当被赋予一种肯定的实在性。在黑格尔看来，只有当复多性在这里被设想为一种双重关系时，这才是可能的，作为统一性的对立环节的统一性和复多性应当出现在这种双重关系中，并在这里被实在地予以设定，但它们又各自被理解为统一性和复多性的统一。这是因为，它必须有可能把实在地予以设定的复多性理解为统一性和复多性的统一，也就是说，首先，它必须有可能把优先权赋予其中一个，即复多性或统一性；其次，必须能够把复多性和统一性都设想为具有优先权的东西。黑格尔认为，绝对的表现方式产生于这些规定："既然这种双重关系落在复多性上，而如果我们把处于另一方面的、那种实在性或多在其中被扬弃的差异者之统一称为无差异，那么绝对就是无差异与关系的统一；而因为这是一种双重的关系，所以绝对的现象就被规定为无差异与这种关系或这种相对同一性的统一，在这种相对同一性中，多是第一位的、肯定的东西——以及无差异与这种关系的统一，在这种关系中，统一是第一位的、肯定的东西；前者是物理自然，后者则是伦理自然。"（第二卷，第457页）

除了《精神现象学》（见本书第38页及以下），耶拿时期的体系性作品主要包括三个耶拿体系草稿（*Jenaer Systementwürfe*）。在这些残篇（其中有些内容非常广泛）中，保存下来的主要是实在哲学部分。首先就自然哲学而言，耶拿时期的各种自然哲学版本都有一个共同点：在其中，对所有自然现象的阐述、对其过程及其相互关系的分析，都是通过诉诸两个根本因素来进行的，黑格尔用术语"以太"和"物质"来描述这两个因素。"以太"指的是某种物质化的绝对，一种在时空现实中表达和展开自身的本质。现在，在把自然规定作为绝对物质或绝对存在之发展的背景下，黑格尔引入了"以太"这一术语来描述这种本质，而自然哲学的任务就在于把各种自然现象——从太阳系及其运动法则到动物有机体的疾病和死亡——阐释为这种绝对物质的多种不同表现方式。黑格尔不仅致力于表明，任何随意的自然现象都是这一绝对物质在其各种独特方式中的表达。他主要致力于揭示，自然是一个以某种方式组织起来的整体。作为绝对物质的独特表达，每一种自然现象都应呈现自然现象有序序列中的一个要素。自然现象在自然秩序中的位置取决于绝对物质在其中表达自己的特定方式。这种进路的结果是，自然秩序在这里被理解为由某些公设决定，而这些公设产生于绝对物质的结构规定和完整阐述这些规定的方法论准则。耶拿自然哲学各个版本之间的区别主要是由于加入了当时自然科学所提供的新材料，但并未触及原本的进路。

耶拿时期著作关于实在哲学的第二部分，即精神哲学（黑格尔最初称之为"伦理哲学"）的情况则不同。它们表现出许多的变化，所有这些变化都与黑格尔精神概念的修正有关。黑格尔最初将其精神哲学表述为伦理理论，随后又将其转变为意识理论。在耶拿时期即将结束时，由于重新研究费希特以及对自我意识的逻辑结构有了些新的识见，黑格尔感到有必要发展出一种最迟自 1804—1805 年以来一直萦绕在他脑海中的进路。这一进路为他提供了将精神哲学从与伦理概念（这种伦理概念是从其他语境中获得的）的狭隘联系中解放出来的手段。这种进路认为，只有自我意识的形式结构，即普遍性与个别性的统一，才能提供一个框架，使逻辑形而上学的规定、自然世界和社会心理现象在其中共同闭合成一种有意义的体系关联。对于精神哲学而言，这尤其意味着，它在方法论上更有能力完成其体系任务，即成为黑格所说的"理性"之自我实现过程的呈现。对自我意识形式结构的这一识见，是黑格尔在耶拿时期的最后一项成就，黑格尔后来也并未放弃这一成就。

体 系

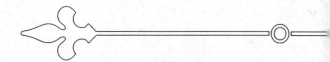

黑格尔的体系哲学必须被看作这样一种尝试，即将处于其所有表现形式中的现实概念把握为理性的自我呈现。在黑格尔所称的"理性"的观点中，包含着各种为他所特有的内涵。他的理性概念的特点是，除了认识论内涵之外，他还赋予理性概念一种存在论的内涵：对他来说，理性不再仅仅是一种在其成就上可以予以精确说明的人类认识能力的名称。这就是认识论的内涵。对黑格尔来说，这个概念还表示真正的、卓越的现实存在。这就是存在论的内涵。理性是现实的，而唯有真正现实的东西才是合乎理性的——这一著名的纲领性信条出自黑格尔《法哲学》（*Philosophie des Rechts*）的序言，乃是规定黑格尔整个体系路径的基本思想。

关于理性的存在论尊严这一基本思想中，至少包含了三种不同的信念。第一种信念是，在任何意义上现实的东西的总体性，都应被理解为一个基本结构的分化和部分实现，这个基本结构是在任何意义上现实的所有事态之基础。黑格尔称这种基本结构为"绝对"或"理性"。坚信必须假设一个被称为"理性"（从存在论上进行解释）的基本结构，让黑格尔无缝地置身于费希特、谢林、荷尔德林以及其他人所代表的后康德传统之中，他们的一元论取向正是由这一假设所决定的。因此，对黑格尔来说，这一信念并不需要复杂的哲学辩护。对他来说，这一信念非常简单地就可以由此得到辩护，即是说，在迄今为止所有构想一个统一而完整的世界图景的哲学尝试失败之后，它是体系性哲学努力基础的唯一选项。

如果说，黑格尔理性存在论概念中所包含的第一个信念本身还过于缺乏规定，无法说明为什么理性概念可以被用来描述基本结构，那么黑格尔的第二个重要信念则使这一点更加清晰。这一信念涉及被指明为理性的基本结构的内部构成。它被黑格尔设想为思维与存在的复杂统一。这一信念的实质动机可以概括为这样一个准则：只有这样一种哲学进路才能把实在组织成一个融贯的知识背景，它坚持认为，一切存在的东西，只有当它可以被概念把握为理性的某些结构要素之现实化时，才是存在的。关于一切存在者本质上的理性特征这一主张，连同在第一个信念中表述的关于基本结构假设之无可反驳性的命题，径直就导向了关于这一基本结构之为一种思维与存在的统一的思想，从非常激进的意义上来理解，即是说，思维与存在是同一事物或只有思维才有存在。如果现在像黑格尔一样，把这种思维与存在的统一称为"理性"，并且如果也像黑格尔一样，坚信所要求的基本结构必须被设想为这种思维与存在的统一，那么理性就被宣布为，一方面是终极现实的东西，另一方面是唯一现实的东西。由于一元论的立场乃是这样一种立场，在其中，一个唯一的实体被主张为是终极的、唯一现实的东西，因此黑格尔的构想被正确地称为一种"理性的一元论"。

理性作为构成现实的，就此而言也是终极唯一实在的基本结构，包含在这一基本思想中的第三个信念是，这一结构在一个指向一种目标的过程（即目的论过程）中构成现实，因而也构成其自身的客观性，而这一过程必须被理解为一种认识过程。正是这一信念导向了黑格尔体系企图的典型信条，即没有存在论的动态化，就不可能有关于现实的适当理论。自耶拿早期的著作以来，黑格尔用来描述这一过程的公式就非常清楚地表明，在他旨在展开其基本思想的体系性进路中，他赋予他所称的"理性"以主导地位，也就是说，这个过程被描述为"理性的自我认识"（参见第二卷，第46页）。黑格尔试图将他的理性概念的各个方面整合到这一公式之中。首先，坚持把理性规定为一种基本结构，并把它理解为本质上具有一种动态性质的东西，一个方面就由此得到了规定。这意味着，自我实现的要素属于表征基本结构的环节。黑格尔将自我实现这一要素纳入他作为思维与存在的统一的理性观念的方式是难以理解的。用一种颇为通俗的简化，通过考虑一种面向有机体理论的隐喻，我们可以说明需将自我实现的要素纳入作为基本结构的理性构想的实质背景。正如一个有机体可以被描述为一种本质，它的发展受制于它自身的概念或结构方案，这种概念或结构方案（或多或少）的成功实现在本质上属于其实在性，因此，黑格尔的理性（它被理解为与存在论相关的基本结构），也应当在一种类有机体的发展过程中实现构成其概念的思维与存在的统一，以便能够在这方面将自身呈现为实在的或实在性。

当黑格尔用"理性的自我认识"这一术语来描述

一个必须被理解为理性的自我实现的过程时，他想指出的第二个方面是，对于理性而言，这个过程呈现了一种认识过程。对于黑格尔来说，把他作为存在论基本结构的理性观念嵌入一种以有机体范式为导向的实现构想中显然不够。对他来说，这样一种嵌入显然太不明确了，因为它没有提供任何信息，说明如何才能更准确、更充分地把握理性这一表征一切有机物的自我实现过程。因此，理性实现的特定方式首先应被描述为认识过程，因为只有这种描述才能考虑到这样一个事实，即在此自我实现的东西，即理性，应被理解为某种东西，这种东西在严格意义上无非就是作为认知意义上的思维。但即便如此，如果不把理性作为终极唯一现实的存在论基本结构的命题一同纳入实现构想，那么理性的实现方式仍然不确定。将这一命题纳入其中，随后就直接导致了对理性实现过程以目的论为规定的描述，即将其看作一种自我认识的过程。也就是说，如果确实只有理性（被理解为思维与存在的统一），如果以认识过程的形式实现理性的概念本质上确实属于这一理性概念，那么这一过程就只能指向对理性自身的认识，因为除了理性之外一切皆无。既然这一过程的目标是使理性认识到唯有它才具有实在性，

37

那么按照黑格尔的观点，这一过程的呈现就必须是体系的形式，在这个体系中，现实的每一种表现方式都记录着它的理性特征。黑格尔哲学要求真正地实现这一体系。

体系性地展示理性不仅是一切现实的基础，而且自身就是一切现实，这一计划是黑格尔唯一的哲学目标。他终其一生都在坚持这一目标。他花了一些时间，以便明确地拟定这一计划。这与他的理智发展有关（见早期著作）。而他权衡并尝试了实现这一目标的各种进路（见耶拿著作）。但在任何时候，他都不认为有任何理由对这一计划本身提出质疑。

《精神现象学》

《精神现象学》（*Phänomenologie des Geistes*，1807年）可能是黑格尔最有影响力的哲学著作。它的功能是通过一部意识的经验史来导引至哲学体系。从导论的体系观点来看，《精神现象学》只是黑格尔各种导论尝试中的一种。尽管对黑格尔早期体系构想的建筑术细节还存在一些不清晰之处，但我们可以说，在耶拿著作和体系草稿中，导论的功能是由一门黑格尔称之为"逻辑学"的学科来承担的。这门逻辑学要完成它的导论任务，就要把以陷入对立为特征的"通常"思维提升到"思辨"的立场——这是黑格尔对哲学思维的称呼。思辨或思辨思维的特点是知晓对立的可瓦解性及其产生机制。在那个时期，黑格尔把这种通过坚持对立而同时断言对立在原则上不可克服的思维称为"反思"，并把这种思维之提升到思辨立场视为摧毁反思所特有的结构的过程，这些结构共同构成了反思的有限性。反思的"有限性"或（黑格尔将其作为同义词）知性的"有限性"首先是对这一情况的术语重释，即思维的对立是无法扬弃的，它在界限内运动，因此必须被视为有限的。黑格尔认为，逻辑学现在的任务就是摧毁反思或知性思维的有限性，从而与此同时导向思辨或理性思维的立场。在黑格尔看来，被理解为哲学导论的逻辑学的问题，就在于以这样一种方式进行这种破坏，它不仅把知性思维的局限性及其预设呈现为错误和荒谬并予以摧毁，还阐明各种联系，这些联系确保对现实的基本结构进行一种合乎理性的、与实在相适应的识见。

在耶拿时期行将结束时，黑格尔放弃了发展出一门作为哲学导论的逻辑学的计划。取而代之的是一门新的以体系导论为目的的学科，他称之为"意识的经验科学"或"精神现象学"。这门学科公开宣称的目的有两个：其一，通过展示我们对世界的通常多层次态度中出现的矛盾，它旨在摧毁我们认为理所当然的世界图景，从而摧毁我们认为自己是这一世界图景的某种一贯的承载者或主体的观点；其二，它还应表明，我们将世界视为某种异己的东西和他者的观点是不能成立的，我们和世界呈现的是一个结构性的统一，其本质是知道自己，即是说成为自觉的。黑格尔以一种多层次的、雄心勃勃的思路追求这一双重目标，试图将历史、认识论、心理学、科学理论、意识形态批判、道德哲学、美学和宗教哲学等多个主题结合起来，并将它们置于一个全面的语境中。整个思路以两个信念为基础，这两个信念引导着黑格尔的整个构建：①与一个对象世界相关的意识的所有认识论行为都可以这样理解，即它们可以被解释为所谓的"知识"的主体与所谓的"真理"的客体之间的关系。在每种情况下，作为知识或真理出现的东西是由意识对其当时的认识论情境及其与这一情境相应的对象所能给出的描述决定的。②"认识"只能被称作知识（主体）与真理（客体）之间的认识论关系，在这种关系中，知识与真理相互对应，也就是说，对黑格尔而言，知识与真理是同一的。要主张知识与真理之间的这种同一性，一个必要的（即使不是充分的）条件是，在这种关系中作为知识或真理的东西自身不得以矛盾或不一贯的方式来表述。因此，对于《精神现象学》的黑格尔以及其后的著作的黑格尔来说，严格意义上的认识真正说来就是自我认识。

黑格尔在《精神现象学》的导论中首先阐述了这些信念，他自己对这些信念的解释是，它们决定了他的论著的方法。首先，关于第二个信念，我们可以说，黑格尔认为，意识的各个认识论态度在接受它自己进行而意识并没有充分追求的对一贯理论所要求的检验时，必须过渡为另一种认识论态度：“那个（要亲自审查一切的）决心以决心的简单方式将教化表象为一种直接地已经完成、已经发生的教化；但是与这种不真实性相反，这条［在现象学中呈现的］道路乃是那现实的实行。”（第三卷，第73页）

然而，只有以某种形式也将上述第一种信念归入自然意识，黑格尔才能满足通过《精神现象学》来揭示“意识自身教化成为科学”（第三卷，第73页）这一要求。换言之，黑格尔认为，意识的认识论构想产生于：意识设想某种有别于自身的另一个东西与之相关，从而把这种关系设想为知识，把与知识相关的东西视为真理。在这里，客体和真理的等同由此被建立起来，即对象也被意识设想为是独立于它的，是"自在"存在着的，并且在这种形式中，对象作为真相是与知识有别的。然而，与此同时，"为意识的东西"与"自在的东西"的这种区分是意识自己的区分，这种区分的两个要素被认为是相互依存的。这样，按照黑格尔的观点，首先有可能依据意识所宣称的真相，用一种意识自己所设定的标准来检验意识是否能够提出一种知识的构想，根据这种知识的构想可以认识到真相，或者一般能够表述真相应当是什么。如果不是这样，那么意识就必须纠正其不一贯的构想，而它——从其起点的处境出发——只能通过改变其知识构想来尝试。然而，由于自在的客体与为意识的客体的区别是由意识自身确立的，即由它对知识之所是的构想确立的，因此，一旦有一种新的知识观点，它的客体构想与此同时也随之改变。黑格尔是这样阐释这一步的，意识以这种方式实行其新的知识观，即它之前设想为客体、自为持存而独立于意识的东西，现在必须被把握为只为意识而存在或被意识以某种方式理解的客体。这就意味着，新的知识概念暗含着这一识见，即什么才应当是真理，这只能由知识构想来规定，因此只能是一个为意识的客体。黑格尔在这个意义上对这一过程作了如下描述："但是，正因为意识的东西一般说来是对于某个对象的知识，所以这里存在着一个区别，也就是说，对意识而言，自在是一个环节，而知识或对象之为着意识的存在又是另一个环节。检验就是立足于这个现成的区别。如果意识在进行比较时发现两者互不契合，它就得改变它的知识，以便使之符合对象；但实际上意识发现，当知识发生变化时，对象本身也发生了变化，因为现有的知识在根本上是一种与对象相关的知识。"（第三卷，第78页）

43

如果说这些论述解释了，黑格尔希望如何使上述第一个信念对他的方法富有成果的话，那么现在就可以在这一背景下进一步阐明第二个信念。因为根据这些指导方针，只有当真理之所是不与知识之应当所是相对立时，才能避免理论不一贯的问题："但对于知识而言，目标就像进程的序列一样，都是必然地确定下来了的；在这里，它不再需要超出自身，在那里，它找到了自己，概念契合于对象，对象契合于概念。"（第三卷，第74页）

黑格尔认为，这一目标的前提是表明，为什么以及如何使各个态度彼此接替。这是哲学家的任务，在黑格尔看来，由于意识通过限制来界定自身，无法克服由自在的东西与为意识的东西之间的区别所界定的立场。然而，黑格尔这一背景下的论述主要是用一种心理学的词汇来描述意识暗藏的无能，即"害怕真理"（第三卷，第70页），而这显然是出于一种自我保存的冲动。因此，"这条道路对它（意识）具有否定的意义，而概念的实现对他来说毋宁是它自身的丧失"（第三卷，第72页）。由于意识的这种态度，在黑格尔看来，意识的真正教化过程在某种程度上是由意识自身完成的，"由于意识自己检验自己，留给我们（哲学家）的［……］只是纯粹的旁观"（第三卷，第77页）。然而，与此同时，只有对这一过程的阐述才会产生这样的结果，即在这一过程中观点被摧毁的意识被提升到一个位置，在这个位置上，这一过程自身可以成为探讨的主题。正因为如此，黑格尔认为，《精神现象学》的结果不仅构成了他的逻辑学的起点，而且使他能够在导向逻辑学的发展进程中获得一种可以说是摆脱了假象的视野："现在，因为这一呈现仅仅以这种正在显现着的知识为对象，所以它自身似乎并不是自

44

由的、在其独特的形态中自己推动着自己的科学，毋宁说它〔呈现〕从这种〔科学的〕立场出发，它可以被看作自然意识走向真正的知识的一条道路。"（第三卷，第72页）当黑格尔一方面把《精神现象学》理解为体系的导论，另一方面又把它理解为体系的第一部分（参见第三卷，第38页，序言）时，他似乎是想延续这种从两个不同的立场考察意识道路的可能性。

在《精神现象学》对意识对待世界的各种认识论态度所作的描述中，黑格尔从他所称的"感性确定性"出发。他用这一术语来描述一种从以下预设出发的态度，即为了认识现实的真正构成，我们必须把在时空中直接呈现给我们的东西关联为感性给予的个别对象。黑格尔揭示了这种态度的站不住脚之外，他试图证明，在这种直接的关联中并不能发现任何关于对象的真实的东西，而是说，这种进路已经暗示了一种观点：当我们关联对象的现实时，我们真正面对的是在知觉中被给予的具有其属性的物。因此，这就是黑格尔上面提到的信念的一个例子，即在第一个认识论态度中应当是自在的客体（直接被给予的对象）的东西，在随后的态度中被把握为意识的客体。此外，在这一上述计划的实施过程中，认识论立场的不一贯的含义也变得清晰起来，因为黑格尔试图在此表明，第一种意识态度在其各种实施中，在每一种情况下都因其自身的主张而失败，因为它凭借其认知构想，即我们可以直接关联感性给定的对象，甚至无法表述它所理解的一种（特定的）感性给予的对象（或它所理解的意识），因为它只有直接指涉的索引式表达，而这些表达不允许对特殊对象进行个别化。因此，黑格尔认为，人们会得出这样的结论："他们原本想要现实地说出他们意谓中的这一张纸，他们原本想要说出什么，但这是不可能的，因为意谓中的感性的这一个东西是语言不能企及的。"（第三卷，第91页及以下）

但即使是经过修正的认识论态度，即我们在真理中关联的是在知觉中给予的具有属性的物，在黑格尔看来也是经受不住考验的。无论是进行知觉的意识，还是被知觉的对象，抑或是两者之间应当存在的关系，都不能按照它们在这种情况中出现的那样来看待：希望理解知觉对象在真理中之所是的主体，既无法对这一对象表述一种一贯的概念，也无法以不矛盾的方式描述自己。这样，意识就会被引向一个区分对象自在之所是和它如何显现的对象概念。简而言之，因为站不住脚的知觉立场的结果是，只有当物不是被理解为

自为持存的具有属性的物，而是被规定为与他者相关
联时，它们才能得到规定。由于这些关系不是黑格尔
所称的知觉能给予的，因此只能这样来构想这一立场：
一方面，我们现在把如其在真理之中所是的物，理解
为思想；另一方面，这个物的现象又与思想区别开来。
为了能够做出这种区分，意识必须把自己定义为知性，
对知性而言，对象内在的、自在存在着的构成被揭示
为由其规律（即知性的规律）构成。尽管黑格尔认为，
认知主体对对象世界的这种解释既没有得出关于认知
意识的具有真理能力的概念，也没有得出关于对象的
具有真理能力的概念，但它导致了被迫得出这样一种
观点，据此，一个意识在关联一个对象时，关联的是
它自身所是的东西。黑格尔认为，意识在关联对象时，
实际上关联的是它自身，这一洞见的实现使意识成为
自我意识。

　　现在，这一识见绝未构成精神现象学的结论。这
并不是因为，当意识在关联对象时它关联的是自己这
一识见尚未在"意识通过知道它自身知道什么"（第三
卷，第136页）这方面得到具体说明。即使自我意识
的立场原则上正确地把知识解释为自我关联，也必须
阐述自我意识如何恰当地处理这一识见。换句话说，

它必须对知识和真理做出一种解释，这种解释允许它在实际上把认识一贯地解释为自我认识。只有把知识和真理作为一个可以相互区分的环节的统一的例子来呈现，这个统一自身既有关于自己的知识，也有关于实在的知识，这才会取得成功。这些论述已经为《精神现象学》的进一步进程提供了一些提示，这里只强调其中的两点：①第一部分的识见必须适用于整个进一步的发展，即构成认识的知识与真理的区别和关联乃是一个意识的活动，意识通过认识到自我意识是"知识"和"真理"这两种关系的统一而识见到它之为自我意识的特性。同样已经清楚的是，意识或自我意识作为与一个他者相关的被关系者（Relatum），必须与作为关系的自我意识区分开来。但是，关系项（Relata）之间的同一性关系和这些关系项自身可以以不同的方式来构想，也可以以不同的方式理解为现实的。在"理性"的标题下探讨的视角旨在引入黑格尔的精神概念，它可以作为从这些结构上不同的观点来论述统一的可能性的一个例子。回过头来看这个视角，黑格尔说，在这里，统一最初是这样被构想的：它是在知识与真理之间实在的差别这一预设下呈现自己的，就此而言，它在某种程度上是片面的。在他看来，这意味着这两个关系项的统一仍然是一种意识的形式知识:"事实上,它(意识)作为一个个别的事物仍然不同于实体,这表现在它要么制定一些任意的规律,要么以为在它的知识本身中已经拥有一些自在且自为存在着的规律,并且认为自己有能力对这些规律作出评判。——而从实体的方面来看,可以说实体是一个还没有意识到自身的自在且自为存在着的精神性本质。"[49](第三卷,第 324 页)然而,这种统一性也可以这样来构想,即"知识"("意识")和"真理"("实体")这对关系项的实在性预设不起任何作用,相反,这对关系项只承担一种描述的功能,它指涉的是黑格尔所称的"精神"的结构:"但如果一个自在且自为存在着的本质同时把自己现实地表象为意识,并且自己表象自己,那么它就是精神。"(第三卷,第 325 页)

②在进一步的发展进程中还必须考虑到,黑格尔在精神现象学的进展中将知识与真理的区别转化为意识或自我意识与世界的关系的术语,并将这种关系的各个形式主题化为以不同行动方式表达的对世界的态度。为了看到这种主题化方式的合理性,我们必须牢记,最初自然意识自身就应该拥有信念,与对象的关系(在这种关系中,对象应当被认识到)是与某种如

实在或现实一般的东西联系在一起的。这表现在，它把一个应当"自在"持存的客体与一种关于这个客体的知识区别开来。然而，获得的对知识与真理关系结构的识见于是也意味着，必须以不同于迄今为止的方式来思考实在。因此，看待知识与真理或自我意识与世界之间关系的不同方式，体现了在各个构想中思考实在的方式。对黑格尔来说，这就意味着，可以被视为实在的东西自身又取决于认识论的态度，而认识论的态度是自我意识与世界之间关系的特定情况所特有的，因此，在回顾被解释为发展阶段的这种关系的各种形式时，他可以说，这些形式只是"孤立地〔有〕这样的假象；仿佛它们真是些孤立的环节；但它们向根据和本质的前进和回归，表明它们只不过是一些环节或消逝着的量"（第三卷，第325页及以下）。在今天对黑格尔的阐释中，往往被视作他的主要功绩的识见，即所有意识的认识论态度都取决于语境，并最终建立在社会基础之上，尽管确实可以从精神现象学中读出来。然而，我们绝不能忽视，即黑格尔认为，这种（社会）现实与人对世界和对自己的认识论关系之间的语境嵌入在一个发展过程中，而这个发展过程应当导向对"在真理中"之所是的认识。

在《精神现象学》进一步的广泛推进中，黑格尔讨论了意识与自身打交道的各种方式，以及与这些方式相应的理性和精神的客观表现。正是在这一语境下，他提出了一些他最著名的学说，如对主仆关系的分析、对启蒙和法国大革命的批判、对古代伦理观念的优缺点的诊断以及他的宗教理论。《精神现象学》的结论是黑格尔所说的"绝对知识"。在黑格尔看来，宗教以绝对精神为其内容，但绝对精神在这里作为实体是被表象的，而与宗教相对，绝对知识是"精神的最终形态，这种精神同时赋予其完整而真实的内容以自我的形式，从而实现了它的概念，正如它在这种实现中仍然保持在自己的概念之内一样"（第三卷，第582页）。黑格尔也把这种知识描述为"概念把握式的知识"。他想借此指出两点：①他希望主张，这种知识只有在知识主体知道自己在每一种描述下都与知识客体同一时才会出现。因此，只有当自我"在其他在中保持在自身之内"时，概念把握式知识才会出现（第三章，第583页）。②他希望指出，正是这种一个主体与一个客体的同一性方式构成了他所说的理性"概念"的本质。《逻辑学》的任务就是在其所有逻辑规定中发展这种理性的"概念"。《精神现象学》被理解为引导通向逻辑学的学科，当在开端出场的自然意识清楚地认识到（黑格尔的）真理只属于（黑格尔的）概念时，《精神现象学》的目标就达到了。

52　　但是，《精神现象学》不应当仅仅是体系的导论，通过自然意识的态度被摧毁，黑格尔的概念被证明是唯一具有真理的东西。黑格尔还从另一个角度把现象学的过程描述为"自己实现着的怀疑主义"（第三卷，第72页）。通过这个比喻，黑格尔试图与他在早期耶拿著作中已经关注过的一个主题建立起联系。这一主题便是对分裂时代的批判。对黑格尔来说，现代的特点是统一从人的生活中消失了。现代人再也无法经验到生活中包罗万象的统一，因为他再也无法将自己对世界理解的不同方面整合到一种没有冲突的联系中。例如，他的道德信念使他致力于一种世界图景，在其中，像自由这样的东西以及相应地，像自由的因果性这样的东西占据着不容辩驳的地位。然而，这种以道德信念为基础的世界图景与现代人的科学世界图景存在一种紧张关系，在黑格尔看来，这种关系最终是存疑的，在现代人的科学世界图景中，他对世界的理解是不存在第一因或无条件事态的，因为在这种世界图景中，每一个原因自身又都必须被解释为结果，而其原因只能被看作是由先前的情况决定的。在这种世界图景中，显然没有自由的位置。对黑格尔而言，这种在这里举例说明的世界理解不同方面之间的冲突绝不是独特的，而是说，它像一条主线一样贯穿于现代所有生活领域的方案中。黑格尔最初按照卢梭的精神将其解释为一种教化和文明的产物。正是这种冲突导致了人在某种程度上与自身的分裂，使人始终无法获得一幅统一的世界图景。作为这种生活在分裂中的本质，现代人就是黑格尔所说的"不幸意识"的一个范例。

现在，现代意识试图这样来解决这一冲突，它总是将处于冲突中的诸多世界图景的一种图景作为其整体世界解释的指导视角。然而，它这样做只能达到对现实片面的整体解释，这既不符合现实的真正构成，也不符合人类意识将现实的各个方面不加删减地整合到其世界理解之中的需要，而这种世界理解乃是着眼于一贯和统一的。黑格尔认为，在这种情况下产生了对哲学的需要。哲学的任务就是摧毁这些意识的片面的整体解释，并在摧毁中揭示对现实的真正整体解释之基础。《精神现象学》呈现了这一摧毁与奠基的过程。意识将其经验为一个永久颠覆所有信念的过程，而意识把它总是片面的世界解释建立在这些信念之上。

54 它被驱使着必须对一切予以怀疑，并在这种怀疑的态度中放弃它所有臆想的确定性。虽然现象学过程以这种方式赋予怀疑主义以哲学的权利，但在黑格尔的理解中，它同时通过从怀疑主义中获得一种揭示真理的功能从而克服怀疑主义。因此，黑格尔也希望把《精神现象学》理解为一本对哲学的怀疑起净化作用的论著。

关于黑格尔将《精神现象学》作为"科学体系"，尤其是《逻辑学》的导论这一构想，首先有两个问题一直被反复批判性地讨论。第一个问题是，在这一引入的过程中，黑格尔是否已经预设了《精神现象学》应当引入的学科的中心命题。这个问题指向一个方法论问题，即黑格尔主张《精神现象学》中呈现的意识过程不受任何外于这一过程的准则的指导。这一主张似乎很难与黑格尔在《精神现象学》的进程中进行的某些操作相协调。上述关于《精神现象学》方法的思考就是例证。因为，一方面，黑格尔主张，意识的认识论态度将通过一种意识的自我检验而产生，而留给哲学家的只是"纯粹的旁观"（第三卷，第77页）

55 或对这一过程的呈现；但另一方面，黑格尔似乎根本就不想主张，各种认识论态度在历史中的发展正是以这种方式进行的。然而，在《精神现象学》中，各环节发展的必然性似乎只有诉诸逻辑学才能被识见到，尽管这种对必然性的识见本应是绝对知识立场的前提。第二个问题更具内在性，涉及黑格尔在《精神现象学》中使用的范畴工具。在这方面，他的否定和同一性的现象学构想，以及他的认识概念，很早就引起了批判的兴趣。

黑格尔本人后来如何评价《精神现象学》作为其《逻辑学》开篇所预设的立场之导入所取得的成功，这一点很难辨别。一方面，他似乎终其一生都承认《精神现象学》作为导论的某种价值，不仅在他逝世不久前安排了这部著作的第二版可以证明这一点，而且也表现在他后来在《逻辑学》和《哲学科学百科全书》不同版本中的论述。然而另一方面，我们恰恰也可以从这些论述中推断出黑格尔对现象学体系导论这一计划越来越多的批判态度（参见第五卷，第18页补注；1817年版《哲学全书》，第36节；1827年版《哲学全书》，第25节）。在这方面还应该指出的是，最迟自⁵⁶ 1827年起，即自《哲学科学百科全书》第二版起，黑格尔不再使用《现象学》的版本"作为更进一步的导论，以解说和引出这里赋予逻辑学的意义和立场"

（1827 年版《哲学全书》，第 25 节），而是为此引入了一种思路，它将三种不同的"思想对客观性的态度"作为主题来讨论。

《逻辑学》

黑格尔体系的真正核心部分是他称之为"逻辑学"的学科。如果我们想用传统术语来描述它的对象，那么它包含了黑格尔的范畴学说。黑格尔将他最广泛，可能也是最复杂的著作《逻辑学》（1812—1816 年）献给了这门学科。之后，他在《哲学科学百科全书》的框架内又为这部著作提供了一个大幅缩减了的逻辑学版本。

逻辑学的起点是在黑格尔看来通过《精神现象学》的成果而获得辩护的如下识见：①一切真的知识都是关于自身的知识；②这种知识的主体，即在此知道自己的主体，乃是理性。由于黑格尔——追随谢林——认为只有能够被知道的东西才是实在的，因此，他从《精神现象学》的结果中得出结论，只有理性才是实在的。黑格尔认为理性是一个内部极其复杂的实体。现在，黑格尔区分了理性概念和理性的实现过程。《逻辑学》的对象是概念的，也就是说，对黑格尔来说，是这一概念的逻辑展开："从作为显现着的精神的精神现象学或意识的科学中，预设了纯粹知识作为其最终的、绝对的真理而产生。逻辑学是纯粹的科学，是纯粹知识在其范围和扩展之中。"（《全集》第十一卷，第33页）

由于这种概念是关于唯一现实的东西的概念，黑格尔可以主张，他的《逻辑学》也取代了传统形而上学，后者致力于阐明现实在其中可以被思维的基本方式。由于在功能上作为《逻辑学》导论的《精神现象学》，据说导致了纯粹科学从意识的对立中解放出来，即认识到了知识与其对象并不构成对立，而且这种不与对象相对立的知识必须是一种关于它自身的知识，那么它就必须作为科学而展开自己，在这门科学中，思维和存在的规定并不被理解为对立："因此，纯粹科学的前提是从意识的对立中解放出来；它包含着思想，只要思想同样就是事物本身，或者说，它包含着事物本身，只要事物本身同样是纯粹的思想。或者说，科学的概念就是，真理是纯粹的自我意识，并且具有自我的形态，自在的存在者就是概念，而概念就是自在的存在者。"（《全集》第十一卷，第21页）

由于要进行逻辑学讨论的概念是被理解为一切实

58

在的理性，而这一概念的发展和规定应当是在逻辑学中进行的，因此思维和存在的要素还是彼此区分的："现在，通过统一性规定和发展自己，那么它的规定必须具有那种分离的形式，因为统一性正是那种区别的统一性，而它的发展则是对它自身所包含的东西，即存在和思维的那种区别的呈现。"（《全集》第十一卷，第30页）因此，在理性的概念中，必须既包括那些考虑到理性的实在或存在特性的方面，也包括那些符合理性作为思维的独特特性的方面。黑格尔把这些方面称为"概念规定"。黑格尔在他称之为"客观逻辑"的逻辑学部分中阐述了理性概念中考虑到存在特性的方面，而在他称之为"主观逻辑"的部分中则阐明了符合思维特性的方面。他把客观逻辑再次划分为存在逻辑和本质逻辑。本质逻辑属于客观逻辑，因为在这里，存在的思维规定尽管被发展为诸种反思规定，但这些规定仍然与一种反思之外的存在相关，"即是说，就此而言，本质还不是概念自身，而只是作为向概念的运动构成反思的领域，由于本质来自存在，仍然是一种有差别的自内存在"（《全集》第十一卷，第32页）。

在客观逻辑中，黑格尔试图表明，其他的质和量的范畴，以及"因—果""实体—偶性"和"现实"

"必然性"等关系和模态的规定，是如何从"存在""无"和"转变"等非常简单的、所谓"直接的"的规定中产生出来的。与主观逻辑一样，这里产生范畴或概念规定的策略基于两个预设：①每一个范畴都有一个与之相对立的范畴，而后者经过进一步分析后被证明是它的真正意义；②对于以这种方式对立的每两个范畴，都有第三个范畴，其意义乃是由被视为对立范畴的相容性残余（Kompatibilitätsrest）的东西来确定的（参见 1830 年版《哲学全书》，第 79—82 节）。然而，值得注意的是，在存在、本质和概念逻辑中，这些规定的过渡是以不同的方式进行的，只有在概念逻辑中，规定的统一性才能得到发展，以至于它们的环节不再被看作是孤立的。在这一视角之下，黑格尔描述了这两个预设，第一个预设是辩证的环节："反之，辩证法就是这种［对一种规定性］内在的超越，在这种内在的超越中，知性规定的片面性和局限性就呈现为它的本来面目，即呈现为它的否定。"（1830 年版《哲学全书》，第 81 节注释）黑格尔是这样描述第二个预设的，在这种否定中存在着某种肯定的东西，即"在对立规定的统一中理解肯定，这种肯定包含在它们的瓦解和过渡之中"（同上，第 82 节）。黑格尔继续

60

说，既然被对立的东西是有规定的，那么否定自己的规定的统一也是有规定的，就此而言是一个更丰富的概念："因此，这理性的东西虽然是一个被思的、抽象的东西，但同时也是一个具体的东西，因为它不是简单的、形式的统一，而是有差别的规定的统一。"（同上，第82节注；参见《全集》第十一卷，第27页）黑格尔逻辑学的这一基本策略可以以从"存在"到"无"的过渡来举例说明。存在与无的统一是转变："真理既不是存在，也不是无，而是存在过渡到无，无过渡到存在——不是正在过渡，而是已经过渡。但真理同样并不在于它们的无区分，而在于它们并不是同一个东西，它们是绝对区分开来的，但同样是未分割和不可分的，每一个都会直接地消失在它的对立面中。因此，它们的真理就是这种一方直接消失到另一方的运动；转变。"（第5卷，第83页）第二步则表明，"转变"通过将对立面结合在一起而自相矛盾，并将自身扬弃。这种扬弃有规定的结果就是定在，因为，根据黑格尔在第二个预设中的论述，它必须是某种有规定的东西，"它是非存在者，但是作为从存在中产生的结果；因此，它本身仍然具有它所来自的规定性"（第五卷，第113页及以下）。

黑格尔认为这两个预设是合理的，因为只有这两个预设才能通向在他看来完整的、非偶然的范畴体系。这可能是因为，一方面，他认为选择"存在"这个概念作为他的科学的起点是合理的，因为作为《精神现象学》结果的纯粹知识必须是简单的直接性，其表达并不是用反思逻辑的方式来表述的，而是"纯存在"："纯粹知识在融入这个统一之后，就扬弃了与一个他者和中介的一切关系，并成为简单的直接性。简单的直接性自身就是一种反思的表达，并关联中介的东西的区别。这种简单的直接性在其真正的表达中就是纯存在"（《全集》第十一卷，第 33 页）。另一方面，黑格尔认为，通过上述两个预设，他可以主张，更进一步的规定由此得出，即概念可以按照上述方式从自身被发展出来。随之，结果必然是一个完整的、不受外部标准决定的范畴体系。

然而，黑格尔本人却很少阐明这两个预设的确切含义，尽管他处理这两个预设的手法十分高超。这就导致了在黑格尔逝世后不久，一场关于如何解释这两个预设的讨论随即展开，这场讨论此间早已变得扑朔迷离，却始终没有结论。关于黑格尔哲学的价值或无价值的许多判断都与这场讨论有关，而这场讨论已作

62

为关于所谓"辩证方法"的意义、重要性和价值的讨论载入黑格尔研究的史册。

尤其是，黑格尔经常称赞的矛盾的真理生成作用，在关于逻辑学中阐述的所谓"辩证方法"（黑格尔自己更倾向于把它称为"思辨方法"［参见 1830 年版《哲学全书》，第 238 节］）的讨论中被证明是一个难以进入的学说。这种难以进入的特性可能部分是由于黑格尔对这一方法论准则的表述极为简短，且极具挑衅意味。值得回想起的不仅是他在教授资格程序中所选择答辩的简洁表述，即 "*contradictio est regula veri, non contr-adictio falsi*"（矛盾是真相的规则，非矛盾是虚假的规则），还有他挑衅版本的矛盾律，即"一切事物自在地都是自相矛盾的"（第六卷，第 74 页）。然而，理解黑格尔的矛盾构想之所以困难，当然也与黑格尔独特的、不同寻常的矛盾概念有关。黑格尔的矛盾概念主要包含两个区别于传统逻辑学经典矛盾概念的信念：①两个命题之间的矛盾不能仅仅根据将两个对立的谓词归属于两个命题中的一个主词这一情况来确认，此外还必须注意这些命题的主词的意义。如果两个对立的谓词首先根本不能有意义地归属于主词，那么就不存在矛盾。例如，"可读"和"不可读"这两个谓词

63

只有在作为文本的谓词时才会导致矛盾，而在作为香蕉的谓词时则不会。对黑格尔来说，这意味着矛盾的关系取决于语境（参见第六卷，第 64 页及以下）。②黑格尔类比于肯定和否定的规定来思考矛盾，它们相互抵消，但并不使得那些进行抵消的规定成为一个根本没有任何意义的矛盾概念，也就是说，什么也不意指〔康德的"否定性的否"（*nihil negativum*），参见 1830 年版《哲学全书》，第 89 节注释〕。毋宁说，肯定的和否定的规定相互抵消的方式说出了这些进行抵消的规定的一些信息。例如，100 德国马克的财产抵消了 100 德国马克的债务，而并没有使得财产概念成为一个矛盾的概念。毋宁说，抵消的方式阐明了，"财产"概念指的是必须被思考为某种可被量化的数量（参见 1830 年版《哲学全书》，第 119 节注释）。在黑格尔看来，这是"逻辑命题（……）"的结果，即"自相矛盾的东西不会消解为零，消解为抽象的无，而是在本质上只是消解为对其特殊内容的否定"（第五卷，第 49 页）。这两个信念是否足以证明黑格尔关于矛盾在认识过程中发挥"积极"作用的论点，对此理所当然是有争议的。

　　黑格尔的主观逻辑是《逻辑学》的第二部分，它　64

不仅包含他对传统逻辑学对象的所谓"思辨性"阐释，即他自己的概念、判断和推论学说。最重要的是，它包含了他所称的"概念"理论。这一概念理论深深植根于黑格尔与传统形而上学的争论。因此，最好从黑格尔形而上学批判这一背景来理解它。黑格尔在《哲学科学百科全书》中特别简明扼要地阐述了这种形而上学批判。黑格尔认为，哲学是关于真理的科学认识。对他来说，这意味着，此外，哲学就是要认识到"客体真正之所是"（1830 年版《哲学全书》，第 26 节）。黑格尔认为，尽管哲学从各种不同的方面探讨了客体真正之所是的问题，但迄今为止它回答这个问题的方式统统都不能令人满意，因为它们从错误的预设出发，或者误解了它们的预设，而这些预设原则上是正确的。传统形而上学就是处理"客体真正之所是"这一问题的方法之一。黑格尔把它的路径称为"朴素的做法"，它以为，"可以通过追思（Nachdenken）而认识到真理，以为客体真正之所是是呈现在意识面前的"（同上）。黑格尔认为，与处理所提问题的其他哲学方式相对立，形而上学原则上完全有能力为认识客体真理中之所是作出贡献。这是因为在黑格尔看来，形而上学从正确的信念出发，即"思维规定"应被视为"事物

65

的基本规定"(1830 年版《哲学全书》，第 28 节）。然而，与此同时，对黑格尔来说，传统形而上学事实上并没有对真理的认识做出任何严肃的贡献，因为它只能以一种体系性的误导方式将其正确的预设付诸实施。

黑格尔认为，形而上学考察方式的决定性缺陷在于，形而上学不加反思地使用判断的形式。这种不加反思的使用表现为各种方式。首先，这种使用值得注意的是，在传统形而上学未经证实的假设中，判断提供了对现实的构成或现实之所是独特直接的洞察，黑格尔认为，这种不可靠的假设造成了两方面的后果：①形而上学毫无根据地倾向于某种现实的存在论模式，因为它把主谓形式视为判断的标准形式。②第二个后果在黑格尔看来更成问题，那就是传统形而上学毫无根据地倾向于把未经质疑地假定的判断形式与现实构成之间的契合，作为人们可以通过判断来表达对象的真相这一信念的基础。黑格尔并不认为这一信念中所包含的假定有问题，即人们可以以判断来处理对象，毋宁说，他认为问题在于人们可以不加检验地假定 66 "判断的形式可以是真理的形式"（1830 年版《哲学全书》，第 28 节注释）。然而，黑格尔认为，这种检验是必不可少的，因为对主词和谓词究竟是什么的传统理解并不能证明主谓判断有助于规定现实对象这一主张。对黑格尔来说，由于对判断形式的不加反思的使用，导致传统形而上学对主词和谓词的概念采取了一种可以说是"自然的"解释，从而加剧了这种情况。这种解释导致主谓形式的判断不能对"真理"提出任何主张。

因此，黑格尔批判传统形而上学的主要是与判断形式相关的模糊性。尤其是，他反对传统形而上学"自然地"解释判断的倾向，而对他来说，这意味着提倡一种基于"表象"概念的主观主义的判断解释。这种主观主义的解释无法让人识见到，判断如何能够保证对真理的任何主张或对某物真正之所是的认识。如果说对判断的主观主义形而上学解释从一开始就已经成问题，那么根据黑格尔的观点，如果我们考虑到它的存在论含义，它就会被证明简直是危险的。也就是说，这种解释导致了这样一种假设，即与判断主词相对应的对象应被思考为实体，而由谓词概念所表示的属性乃是归属于实体的。从形而上学中"拿来"（1830年版《哲学全书》，第 30 节）的未经反思的主观主义解释意味着，一种可称为"实体存在论"的东西，或至少暗示了它。实体存在论乃是这样一种存在论，据此，现实的基本实体被假定为彼此独立的实体，并以归属于或不归属于它们的偶性特征以谓词的方式予以规定。在这个意义上，黑格尔谈到传统形而上学时说："它的对象尽管是总体性［……］；但形而上学是从表象那里拿来对象，把它们当作现成已有的、给定的主词，继而把各种知性规定应用于它们，并且只把表象作为各种谓词是否恰当和充分的尺度"（1830 年版《哲学全书》，第 30 节）。从根本上说，黑格尔以批判性的意图假定的，正是传统形而上学抱持的这种对实体存在论的承诺。从这一批判中，黑格尔提出了这样的要求：我们必须首先理解客体的真相究竟是什么，然后才能恰当把握判断在认识中的表现和功能。这种对客体真理中，即客体现实之所是的理解，乃是概念逻辑的任务。

黑格尔概念理论的出发点是他假设传统形而上学是一种原则上正确的识见，即只有通过思维，我们才能认识到什么是真相或现实的东西。黑格尔认为，由于思维所关注的不是直观或表象，而是概念，因此，黑格尔将现实或真相的东西等同于其概念。因此，他在《哲学科学百科全书》中阐述自己的纲领时，就得出了这样的主张："既然思想试图形成关于事物的概

68

念，那么这个概念（因而也是其最直接的形式、判断和推论）就不可能由一些对事物而言陌生的外在规定和关系所构成。如前所述，追思导向事物的普遍物；但这个普遍者本身就是诸多概念的环节之一。知性、理性存在于世界之中，说出的就是'客观思想'这一表达所包含的东西。"（1830 年版《哲学全书》，第 24节附释；参见 1830 年版《哲学全书》，第 162 节附释）

以这种方式，概念的说法在黑格尔那里就有了一种存在论的意涵。黑格尔的概念不能与传统逻辑学中所谓的普遍概念混为一谈，而是说，它们是难以准确把握的实体，其特点是：①它们是非感性的或某种思想的对象；②它们是客观的——而非主观的。被视为这些客观思想，这些概念在这种意义上是有规定的，即可以在其中找到概念规定的不同关系，而这些关系作为思维或思想规定出现。我们可以把这些思维规定本身理解为一种谓词的规定。它们构成了所有这些规定的集合，在这些规定的基础上，一个客体的概念可以被看作是有规定的（参见第五卷，第 24 页及以下；第六卷，第 267 页及以下）。

现在，黑格尔认为，并非任何意义上的客体都有一个概念。一个（黑格尔式的）概念只属于那些可以

69

按照有机体的模式加以考察的客体。为了理解黑格尔这一基本论点，我们可以选择不同的策略。一种尝试是先澄清对于黑格尔而言有机体的特征是什么，然后再试图解释为什么有机体的构成应被视为一个具有概念的客体的模式。现在，如果我们不仅仅想以这种方式证明以有机体概念为导向的比喻性说法的合理性，那么这种尝试的危险就在于，人们会被误导，以为对黑格尔来说，有机体是唯一真正的客体。基于两个理由，这是不能令人信服的：首先，黑格尔一定是希望通过他的概念理论不仅能够解释有机体；其次，这似乎与黑格尔还要更详细地阐述的论点相矛盾，即事实上只有一个客体，亦即理性或"作为理性"的理念（1830年版《哲学全书》，第214页）。而通过对有机体概念的分析，一种以有机体模式构成的客体必须具有主体性特征的进一步主张似乎也根本就不具有说服力。另一种尝试可能在于，我们追问，对于黑格尔来说，按照有机体的模式考察某物意味着什么。这里的答案最初可能是，这意味着把某物视为具体的普遍物，即认为一个客体与其概念处于一种特定的关系，因为这个客体被理解为完全由其概念所规定。这似乎导致了黑格尔想用他的有机体论题来支持某种认识，而与

70

之相对的其他认识方式则应当被证明是有缺陷的。然而，在这里，最初也很难洞见到，黑格尔为什么要把这种认识形式与有机体的模式联系起来。为了厘清这两个方面之间的联系，或许阐明康德关于客体之有机构成论题的背景是有助益的。下文将对此作简要尝试。不过，关于康德背景的论述不能被视为黑格尔论题的论证，它所指向的只是黑格尔论题的历史参照点，通过这些参照点，我们可以通过思维来把握客体之真相的论题与客体之有机构成论题之间的联系就可以变得可信了。

在《判断力批判》中，康德在机械解释方式之外引入了一种目的论解释的可能性。借助这种解释方式（由于康德认识论的原因，这种解释方式只能产生主观上有效的判断），有可能将个别对象视为在自身中合乎目的地构成，康德称之为"内在合目的性"。现在，当黑格尔希望从内在合目的性的意义上揭示目的论是机械性和化学性的真理时，他又回溯到了这一构想。以这种方式，黑格尔首先就避免了康德两种互不相容的客体解释方式和两种根本不同的客体类型的命题。然而，对黑格尔来说，"内在合目的性"不能像康德那样，成为一种辅助性的建构，用来解释无法用机械论解释的对象，因为目的论的解释方式，由于黑格尔坚信对事物的客观有效认识的可能性，绝不能被理解为一种只产生出主观有效判断的认识形式。现在，黑格尔可以通过将内在合目的性与客体的概念相等同来避免这一困难。黑格尔认为，通过思维来把握内在合目的性预设了，客体从它的概念中得到解释，而这个概念应当是黑格尔的概念。黑格尔通过建立康德所引入的直觉的知性构想，成功地将这一思路与康德联系起来。康德曾阐述道（《判断力批判》，第77节），认识有机体结构的可能性是与将这一客体的特殊部分识见为整体的必然（而不是对于我们的知性而言偶然的）规定的可能性联系在一起的。然而，康德认为，为此需要一种直觉的知性，它不是如同人的知性那样，通过概念操作，而是通过直观的方式来认识。康德认为，这种知性将能够认识有机体的结构，因为它不是通过从属于一个概念上的普遍物来规定特殊物，而是直接地，即不需要概念而完整地规定特殊物。然而，这只有在（只是否定地来对我们的人类知性予以思维的）进行直观的知性从自身产生一切的情况下才是可能的。这样做的一个后果是，对它而言，似乎也就没有模态的区分了（《判断力批判》，第76节）。黑格尔现在这

72

样来解释康德内在合目的性的构想，他把它直接与直觉的知性的引入联系起来，因为直觉的知性应当是客体内在合目的性认识的前提。因此，按照黑格尔的观点，这也应适用于康德："*反思判断力具有一种直观式知性的原则，也就是说，对于普遍物（抽象的同一性）来说是偶然的、不能从普遍物中推导出来的特殊物，在反思判断力中，乃是由这个普遍物自身而得到规定的；——这在艺术和有机自然的产物中都可以经验得到。*"（1830 年版《哲学全书》，第 55 节）"*直觉的知性、内在合目的性等的表象是普遍物，同时这个普遍物本身被看作具体的。*"（同上，第 55 节附释）如果内在合目的性（按照黑格尔的说法）可以通过直觉的知性的原则来认识，如果通过其认识的前提，普遍物可以被看作具体的，那么这似乎就是一种构想，在这种构想下，我们可以提出这样的主张：一个客体的真相可以通过思维来认识。因此，正是这种关于生产性

73 （直觉的）知性的认识构想（这种知性产生出在结构上与它相对应的对象，因此它也在其中认识到自己）支撑着黑格尔的论点，即只有可以按照有机体的模式来考察的东西才具有概念。因此，黑格尔也强调了康德哲学的功绩："借助内在合目的性的概念，康德已经重

新唤醒了一般的理念，尤其是唤醒了生命的理念。"（1830年《哲学全书》，第204节附释；参见第55节；参见第六卷，第440页及以下）——然而，在黑格尔看来，由于康德知性构想所具有的局限，这种潜力并没有穷尽："假若康德坚持把那个真理的定义〔即它是认识与其对象的一致〕应用到一个进行直观的知性的理念上，他就不会把这种表达了所要求的一致的理念当作一个思想物，而毋宁是当作真理来对待。"（第六卷，第266页）如果黑格尔以这种方式来解释他的论点，即只有那些可以按照有机体的模式来考察的客体才具有一个概念，以至于最终只能有一个概念和一个客体，而通常意义上的客体必须从中产生出来，那么在此已经表明，他可以在多大程度上主张，对这种唯一概念的呈现在一个有机体中会以不同于在其他客体中的方式获得成功。这样，他就不必主张所有的客体都应按照有机体的模式来解释了。黑格尔对此作了更详细的解释：根据这一构想，自然必须被视为一个活生生的整体；然而，如果这一结构是在有机体自身中现实化的（即使在这里，正如我们还将更详细地解释的那样，理念永远不可能在一个客体中现实化），那么其他客体就只能在它们与其他客体的联系中来理解，

74

而这种联系本身又被看作是有机组织式的，并在这方面与（黑格尔的）概念联系在一起。因此，"一切现实的东西，只要它是真实的，它就是理念，并只有通过和借助理念而具有其真理。个体的存在是理念的某个方面，为此，它还需要其他现实，而这些现实也同样显现为特殊地自为持存着的东西；只有在这些现实中以及在它们的关系中，理念才得以实现。单独个别的东西并不符合其概念；其定在的这种局限性构成了它的有限性和衰亡"（1830 年版《哲学全书》，第 213 节附释）。此外，由于在有机组织学的论点中，通过与诸如直觉的知性这样的构想的联系，认识被理解为一种结构上相同的关系项，从而被理解为自我认识的一种特定形式，因此，在这种历史背景下，黑格尔在实施他的有机组织学论点时采取了这种认识模式，并就此而言将认识（在其中客体的概念被认识到）解释为一种自我认识的范例，也就不足为奇了。

因此，黑格尔想主张，我们只能把有一个概念的东西视为现实的或在真理中存在着的，而且只有有一个概念的东西才能按照有机体的模式来阐释。现在，如果"对真理的科学认识"——这是黑格尔所宣称的目标——在于认识某种事物的概念，而且如果一个概念总是一个类似有机体的客体的概念，那么问题就自动提出来了，即如何来思考这样一个概念。对于黑格尔来说，很显然，描述有机体所必需的一切都必须包含在他的这个概念的概念中。一方面，这包括黑格尔所说的主观概念。这种主观概念最好被形象化为所有特征的集合，这些特征的实现呈现了一个类似有机体的客体。对黑格尔来说，关于《逻辑学》所讨论的理性概念，这完全是逻辑材料，可以以概念、判断和推论规定的形式来呈现。此外，黑格尔的概念必须包含客观性的环节。这里的客观性意味着诸如实在性或客体存在之类的东西，并且指的是它属于实现自身的有机体概念这一情况。黑格尔认为，既然最终现实地或在真理中只有一个客体，即理性，那么这个客体的概念就必须具有它所独有的特征。这一特征必须能够证明这样的主张，即只有一个概念，就此而言，在真理中也只有一个客体。黑格尔把这一特征称为主观性。

尽管不难看出，"主观性"这一术语描述的是黑格尔逻辑学理论的一个核心要素，但要阐明这个术语在黑格尔那里的含义和功能却非常困难。比较明确的只是，黑格尔不仅将主观性这一特征赋予了他的概念，而且赋予了如自我、自我意识或精神等事态。因此，如果我们假定应当赋予概念的主观性正是赋予自我、自我意识或精神的主观性，将其作为区别于其他有机体类型的特征，那么我们就有了较为稳固的地基。当说到主观性究竟意指什么的时候，地基就变得不太稳固了。这不仅是因为黑格尔熟悉不同种类的主观性（参见第五卷，第62页；第六卷，第407页及以下和第347页及以下；1830版《哲学全书》，第215节附释），还因为赋予概念的主观性受制于难以精确确定的条件。一般来说，当某东西把自己理解为与其他东西同一时，主观性似乎就存在了。然而，如果我们遵循《逻辑学》，那么这种被称为"主观性"的同一关系只能在事态之间建立起来，这些事态本身可以被认为是相同要素或环节的某种关系或联系（参见第六卷，第270页及以下，第408页及以下）。因此，这种意义上的主观性旨在描述某种自我关系或自我关联。黑格尔认为，从根本上说，只有一种事态可以作为特征被赋予所述意义上的主观性。这个事态就是黑格尔的理念。就此而言，在"理念的否定统一中，无限者统摄着有限，思维统摄着存在，主观性统摄着客观性。理念的统一性就是主观性、思维、无限性"（1830年版《哲学全书》，第215节附释）。因此，理念的统一性应区别于实体的统一性，正如"居于统摄地位的主观性、思维、无限性应区别于片面的主观性、片面的思维、片面的无限性，因为前者是通过自身判断和自身规定才降格为后者"（同上）。

然而，着眼于对实在哲学的进一步阐述，我们在这里必须提及，主观性尽管必定可以通过自我认识和自我关联来举例说明，但自我认识和自我关联之间的关系也必定可以从与这里所述的相反方向来考察。也就是说，如果我们假定，黑格尔的客观认识理论需要一种自我认识的构想，然后他可以通过把认识解释为一种结构上相同甚至数字上同一的关系，从而把自我认识解释为自我关联，那么值得注意的是，在理念的实现中，自我关联相对于自我认识来说就是首要的或直接的东西。从这个视野来看，向自我认识的发展就必须这样来奠基，根据黑格尔的概念理论，自我关系本身必须通过思维来重新把握，或者用黑格尔的术语来表述，概念不仅必须客观化自身，而且这种客观化必须被认识为概念的客观化。因此，即使在自然的客观化中，理念所具有的主观性本身也还没有被认识到，因此，精神或自我意识和自我才是黑格尔的概念更合适的代表。

　　黑格尔的理念现在构成了《逻辑学》的终点，因为，黑格尔认为，理性的概念通过它得到了完全的阐释。他也把这一理念称为绝对方法，因为它不仅是结果，即看透所有其环节的概念，而且是以体系的方式产生的这些环节之间的联系。绝对理念"本身就是内容，因为它是自身与自身的观念性区分，而区分出的东西的一方就是与自身的同一性，然而，形式的总体性作为内容规定的体系包含在其中。这个内容就是逻辑性的体系。作为形式，除了这个内容的方法——对它各个环节的持续发展的知识——之外，理念在这里什么也没有留存下来"（1830 年版《哲学全书》，第237 节）。

　　在一个客体实际之所是的背景下，黑格尔的判断理论也应运而生，它一方面要考虑到对传统形而上学的批判性反对，另一方面又要确保哲学仍然可以利用判断的形式。黑格尔复杂的、在这里不再进一步详述的判断理论的主导观念（它应当允许黑格尔支持两个命题）是，判断必须被理解为"概念的规定"，与此同时，这种概念的规定只有在其结构的基础上，通过回顾之前的内容，一种可被称为辩证运动的操作才是可能的。对于判断理论来说，这首先意味着对于每一个判断都必定有一个与之相对立的判断："在判断那里，我们已经指出，它的一般形式，尤其是肯定判断的直接形式，没有能力在自身之内把握思辨和真理。它至少必须附加上一个立即的补充，即否定判断。"（第六卷，第561页及以下）因此，黑格尔认为，由概念本身的规定所产生的真理的适当形式是推论的结果，在这些推论中，每一个术语都是相互联系的："起初对我们而言，概念本身既是自在存在着的普遍物，也是自为存在着的否定物，并且是第三个自在且自为的存在者，即那个贯穿了推论的全部环节的普遍物；但第三者是结论命题，在其中，概念通过自己的否定性而与自身相中介，随之自为地被设定为它的各个环节的普遍物和同一性东西。"（第六卷，第566页）黑格尔认为，对推论的这种（思辨）解释是认识各种实在体系——如太阳系——的唯一途径："只有通过这种结合的本性，通过同一些端项（*terminorum*）的这种三重性，才能真正理解一个处于其有机组织中的整体。"（1830年版《哲学全书》，第198节说明）

概念逻辑的结果，即理性的概念通过黑格尔的理念得到了完善的阐释，并且这种理念呈现了各个环节的联系，正是对黑格尔观点的论证，即完整的哲学体

系除了逻辑学之外，还必须包含所谓的"实在哲学"，

它分为自然哲学和精神哲学。黑格尔在解释充分发展的（黑格尔式的）概念的特征时进行了这一论证。只有当我们回想起，黑格尔，正如已经在上文中详细论述过的那样，是形而上学中有机组织学范式的一位信奉者（根据这种范式，现实的东西必须被理解为某种有机体），这种解释才会变得容易理解。黑格尔把与他的形而上学相关的有机体类型描述为这样一种东西，它以这样一种方式实现了或客观化了自己的概念，即把自己理解为这一概念的客观化。在这一观点的基础上，黑格尔现在发展出了以下思考：（黑格尔式的）概念是一种应被视为（在某种意义上是不相容的）概念规定之统一体的东西。正如黑格尔认为他能够表明的那样，这些规定还包括客观性规定。他认为他可以根据上述的思辨方法获得这种规定，即概念通过判断把自身规定为某种东西，其环节是独立的极端和这些极端的中介性统一。由于统一性和独立性自相矛盾，"这种发生在形式推论中矛盾关系就会自我扬弃，而概念的完整性就会过渡到总体性的统一性之中，概念的主观性就会过渡到其客观性之中"（第六卷，第272页）。客观性指的是，概念的本质之一便是成为客观的，把

自己作为客体展现出来。既然在主观逻辑中，概念的规定将以这样一种方式得到发展，即它们不被视为孤立的，那么，作为主观逻辑终点的理念就是"概念和客观性的绝对统一"，因此，它可以被理解为"主体—客体，观念性东西和实在东西的统一［……］作为在自身中具有其现实性的可能性，作为其本性只能作为实存而被概念把握的东西"（1830年版《哲学全书》，第214节）。现在，只有客体才是黑格尔所谓的"主观性"所具有的概念的恰当实现。对他来说，"主观性"是一种关系属性的名称，当某东西知道自己与其他东西同一时，这种属性随之就真正存在了。就此而言，产生这种知识是概念的本性所固有的要求。既然《逻辑学》只关注提出理性的概念，既然这个概念包含着产生一种知识的要求，而这种知识只有在以下情况下才能获得，即①当概念把自身客观化，即成为客体时，并且②这个客体把自身概念理解为与其概念同一，那么，通过理性的概念就已经提出要求了，即它①在其客观性的规定中或作为客体被讨论，并且②从已知的与其概念的同一性的角度对其进行主题化。前者是自然哲学的对象，后者是精神哲学的对象。

从这一构想中不难看出，逻辑学与实在哲学之间

的关系本身并不能被理解为上述概念规定意义上的过

渡。因为客观性应当是属于理念的概念规定的一种规定。然而，这一构想的一个困难似乎在于，一方面，在逻辑学中发展出来的规定"本身就是一种实现"，但另一方面，实在哲学应当以某种方式包含这里所呈现的理念的实在形式。因此，黑格尔对这种关系作了如下描述："然而，这些具体的科学以一种比逻辑学更实在的理念形式出现，但与此同时，又不是以这样一种方式重新转到超出它的现象之上的、提升到科学的意识已经抛弃的那种实在性，也没有返回去使用诸如范畴或反映规定之类的形式，而这些形式的有限性和非真实性在逻辑学中已经得到了呈现。毋宁说，逻辑学展示了理念的提升阶段，从这一阶段开始，理念成为自然的创造者，并过渡到具体的直接性形式。"（第六卷，第265页）因此，与实在哲学相对，逻辑学是"纯粹真理"，而不同的实现形式属于哲学体系，因为逻辑学的论述被局限于"逻辑的领域"之内："正因为认识的纯粹理念被封闭在主观性之内，所以这个理念是想要扬弃主观性的冲动，而作为最终结果的纯粹真理也成为另一个领域和另一门科学的开端。"（第六卷，第572页及以下）

此外，从这一构想可以得出，自然与精神之间的关系不能被解释为上述意义上的过渡，两者都是由其规定所产生的理念形式。因此，黑格尔在精神哲学中解释道："精神成为自然的真理。此外，在一般理念中，与先行的东西相对，这一结果便具有了真理或者毋宁说第一性东西的意义，因此，在概念中的生成或过渡具有自由判断更为确定的意义。因此，已经成为的精神具有这样的意义，即自然本身作为不真实的东西扬弃了自己。"（1830年版《哲学全书》，第388节）然而，我们很难看出实在哲学的个别内容应当如何精确地分配给黑格尔的概念规定，这就给解释逻辑学与实在哲学之间的联系带来了一个问题。

自然哲学

黑格尔的自然哲学试图在其体系的总体框架内解释，我们如何可能认识到自然是受各种规律支配的相互联系。因此，黑格尔提出了一个对康德和谢林尤为重要的问题，即在我们认为自然是可以认识的这一观念中，存在着哪些认识论和存在论预设。尽管黑格尔自法兰克福时期以来就开始研究自然哲学问题，尽管他在耶拿时期拟定了几个版本的自然哲学，但他只发表过一次他的这一体系部分，而且发表时间相对较晚，即发表在他的《哲学科学百科全书》中。黑格尔的自然哲学主要在三个观点上引起了人们的兴趣。第一个观点涉及黑格尔将其逻辑概念规定解释为自然规定的方式。第二个观点涉及黑格尔的自然哲学思考在多大程度上考虑到了他那个时代所倡导的自然科学理论。最后，第三个观点则是当下意义的问题，即在当前科学理论讨论的框架下究竟如何看待黑格尔的自然哲学路径。由于自然哲学是黑格尔体系中历来最不被信任的部分，可能也因此受到的解释关注最少，因此对自然哲学的评价，尤其是从第二和第三个观点进行评价，仍然很少有没有争议的结果。

按照概念的逻辑理论的规定，就自然哲学的构造而言，黑格尔根据他的有机组织的理性构想，认为自然"自在地"必须被理解为"一个有生命的整体"（1830 年版《哲学全书》，第 251 节）。黑格尔认为，这个有生命的整体主要在三个不同的规定下呈现自身，这三个规定在一定程度上再现了《逻辑学》中所阐发的理性概念的核心特征。在第一种规定的情况下，自然被视为一个由空间、时间、物质和运动界定的整体。

这种考察方式使它们成为黑格尔所说的"力学"的对象（1830年版《哲学全书》，第252节）。在这种黑格尔式的力学中，空间、时间、物质和运动、它们的属性以及描述它们之间相互关系的自然规律，都是从（黑格尔的）概念的形式结构环节产生的。黑格尔对空间的阐释已经可以作为这一做法的一个例子，因为几何学已经预设的空间的三维性，"是以概念的本性为基础的，然而，概念的各种规定在这种最初的彼此外在的形式中，在抽象的量中，完全只是肤浅的，也是一个完全空洞的区分"（1830版《哲学全书》，第255节附释）。只有在各种规定的进一步形式中（其复杂性与黑格尔概念的展开相对应），才有可能把自然概念把握为一个有生命的整体。

黑格尔认为，他的哲学力学得出了这样的识见：物质自然的整体性应被视为"具有性质的物质"（1830年版《哲学全书》，第271页），即具有物理属性的物体的集合体。这构成了理解自然的第二个主要规定。黑格尔为这种考察方式指定了一门学科，他称之为"物理学"。在这个标题下，他探讨了一切能以任何方式与一个物体的物质状态相关联的事物。一方面，黑格尔对具有物质属性的物质的阐述包含了对纯粹力学的自然解释方式的批判性反对，因为这种解释方式只将对物质的外部影响（如来自另一个物体的压力和撞击）作为解释的根据，而如光、热和磁力等都不能用这种方式来解释。另一方面，他的理论包含了对某些物理理论预设中未经反思的存在论化的批判。例如，在原子论中，通过空隙解释密度就是基于物质各部分之间存在相似性这一假设，而"尽管物理学自称是以经验和观察为基础的，但它并没有证明这一点"（1830年版《哲学全书》第293节附释）。

在他的逻辑学背景下，黑格尔提出了自己的光理论，根据这一理论，光可以被理解为"与自身的纯粹同一，自反的统一体"，因而是具有性质的物质"最初的甚至是抽象的显现"（1830年版《哲学全书》，第275节）。从某种意义上说，这一理论是把他在耶拿时期的以太理论重新提了出来（参见第3节）。黑格尔在这里是这样解释的，即物质以不同的实存形式表现自己，每一种实存形式都需要不同的概念化，而在黑格尔看来，牛顿物理学忽视了这一点（参见1830年版《哲学全书》，第276节）。从空气、火和水元素开始，物体的其他属性及其在化学过程中的变化都可以得到解释。在这种情况下，从比重、声音、热、形态、电和磁力到物体的化学作用，一切都被阐释为遵循自然和（黑格尔式的）概念规定。在黑格尔概念理论的背景下，化学过程的意义在于，"直接实体和属性之间的相对性"（1830年版《哲学全书》，第336节）被设定在其中。然而，与在自然作为有生命的整体的第三个规定中不同，这种（诸实体的）独立性的否定还没有与其独立性的环节相中介。

汉斯·朔尔茨（Hans Scholz）等人可能正是看到了自然哲学的这一部分，才作出了如下毁灭性的判断："黑格尔的自然哲学是一种实验，它非但没有促进自然哲学的发展，反而使自然哲学倒退了几个世纪，把自然哲学降低到了帕拉塞尔苏斯（Paracelsus）① 等人所处的水平。"（朔尔茨，1921年，第38页）然而，这一论断是否成立，在很大程度上取决于各自的自然和科学概念。

所谓的"有机物理学"或"有机论"构成了自然哲学的第三部分。上文在逻辑学中阐发的假设，即目的是一个客体的内在概念，它作为具体的普遍性当前存在于一个有机体中，现在必须在自然哲学中得到详

———————

① ［译注］即菲利普斯·冯·霍恩海姆，中世纪炼金术师。

细阐述。相应地，逻辑学中已经熟悉的主观性特征在这里扮演着规定的角色，在此规定之下对自然予以考察。根据上述解释，应当将主观性特征赋予自然，这必定意味着自然被假定具有某种自我关联。然而，在这里首先必须指出的是，虽然作为有机组织的联系的生命一般而言都被赋予了自我关联，但只有有机体才实现了这种自我关联的形式、并"作为主观性实存"（1830年版《哲学全书》，第350节）。因此，黑格尔说，有机体是（由于有待进一步说明的原因）"向自然最初的理念性的提升，不过结果是它成为一个被充满的，并且本质上作为自我关联着的否定性统一体，成为自我性的和主观性的"（1830年版《哲学全书》，第337页）。其次，应该指出的是，虽然主观性是这里考察自然的特征，但这种形式的自我关联还不意味着知识，就此而言，对在自然中"达到了实存"（1830年版《哲学全书》，第337节）的理念的构想必须以这样一种方式进行，即自然哲学以精神的实在性为结果。

由于黑格尔将这种自然哲学语境中的主观性解释为有机生命的一个本质特征，自然哲学的这一部分就涉及作为有机体等级的自然或作为"有机体系"的自然（1830 年版《哲学全书》，第 337 节）。黑格尔认为有机生命有三种形式：以地质有机体为代表的普遍形式、在植物中呈现自己的特殊形式，以及以动物有机体为表现形式的个别形式。黑格尔认为，这些形式是根据复杂程度的增加而分等级排列的。从某种意义上说，黑格尔在此对条件关系或依存关系进行了主题讨论：正如植物的生命形式以地质结构和地质过程为前提，动物有机体也以充分发展的植物世界为前提。只有在最终形式上，主观性才是个别物的本质特征，对于黑格尔来说，它才与动物有机体的结构相联系。他详细说明了这一点，第一，动物有机体具有一种形态，其中每个肢体既是目的又是手段；第二，它与无机自然的关系可以被描述为吸收关系；第三，它与自己的类的另一个个体配对。预设黑格尔的理念构想，有机体就可以根据这些特征被理解为一种个体的理念，一种在自身中将自己的他者作为观念性的设定的理念，以及一种在有生命的他者中与自身相关的理念。黑格尔把这里的理念的自我关涉性描述为"自我感觉"（1830 年版《哲学全书》，第 356 节）和在他者中对自己的感受（参见 1830 年版《哲学全书》，第 369 节）。由于这种自我关联并不意味着知识，黑格尔称之为

"自然的主观性"（1830 年版《哲学全书》，第 358 节附释）。用黑格尔的概念理论的语言来说，这意味着动物的主观性"只自在是概念，而不是自为"（1830 年版《哲学全书》，第 374 节），或者说，正如黑格尔将在他的《精神哲学》中所说的那样，只是"精神作为达到了它自己的自为存在的理念而产生了，这个理念的客体既是主体，也是它的概念"（1830 年版《哲学全书》，第 381 节）。

通过对自然个体死亡的思考，黑格尔构建了从自然哲学最后一部分到精神哲学的过渡。在一定程度上，黑格尔不仅把动物有机体的死亡视为对个体特殊性的否定，而且，由于动物只能被视为类的一个样本，因此也是融入类之中。既然个体和个体的繁殖都没有现实化在一个主体中，那么按照黑格尔的观点，繁殖过程就必须是"以生命体死亡的方式进行"（1830 年版《哲学全书》，第 367 节）。而对黑格尔来说，这种回归自身的循环似乎正是否定的统一体的本质特征，在否定的统一体中，无限物应该按照上述描述超越有限物，而这一点恰恰在个体的死亡中得到了体现："作为有生命的总体，动物有机体乃是概念，它作为推论经过了自己的三个规定，每一个规定自在地都是实体性统一体的同一个总体性，与此同时，按照形式规定，又过渡到另一个规定，以至于，从这个过程中作为实存的总体性产生了；只有作为这种自我繁殖之物，而不是作为存在者，生命体才存在并自我保存；只有通过使自身成为它所是的东西，生命体才存在；生命体是一个先行的目的，而这个目标本身又只是结果。"（1830年版《哲学全书》，第352节）

因此，这里的主导观念是，虽然个体的一切自然规定都因死亡而被扬弃了，以至于可以说是一种"自然物的死亡"（1830年版《哲学全书》，第376节），但死亡绝不会消灭生命的原则，即作为灵魂的原则（它构成动物组织的本质统一体）。既然黑格尔把灵魂解释为精神的一种形式，而且既然在他看来，灵魂不会因死亡而毁灭，那么他现在就可以主张，不依赖于自然规定的精神的实在性是自然哲学的结果，并在精神哲学的框架内研究这一实在性的各种形式："这样，自然就过渡到它的真理，过渡到概念的主观性，而主观性的客观性本身就是个别性被扬弃的直接性、具体的普遍性，这样，概念就被设定了，它具有与之相应的实在性，即作为其定在的概念，——这就是精神。"（1830年版《哲学全书》，第376节）

91

黑格尔的自然哲学思考在多大程度上考虑到了他所处时代的自然科学理论，即黑格尔的自然哲学是否在具有相当程度了解的情况下整合了他所处时代已经达到的自然科学知识水平，和黑格尔的自然哲学路径是否提供了任何对今天仍有意义的视野一样，这个问题的答案也引起了相当大的争议。虽然在19世纪，黑格尔的自然哲学被视为丑闻，特别是在绝大多数自然科学家的判断中，这在根本上对整个黑格尔哲学的声誉扫地起到了推波助澜的作用，而这种评价也导致黑格尔的自然哲学再也没有得到认真对待，但最迟自1970年以来，这种情况已经发生了一些变化。19世纪对黑格尔自然哲学的评价最初可能与其被认为是对自然科学中日益盛行的归纳法的拒绝有关。尽管黑格尔本人从未把使用自己的"概念"方法获取和确保自然科学成果视为经验自然研究的直接竞争对手。毋宁说，他始终认为，他——以他的哲学力学为例——只是明确了概念要素，并为这些要素奠定了一个合理的基础，而这些要素隐含在每一个"从经验中获取这些材料，然后才把数学的探讨应用其上"的自然科学力学理论中（1830年版《哲学全书》，第267节附释）。然而，我们不禁要问，经验自然研究的努力在这里是否真的只是获得了一个合理的基础，或者，毋宁说内容上的规定是否也以某些物理理论为基础。在这一问题的语境下，对黑格尔时代自然科学知识状况的历史视角必须辅之以当时的自然科学的自我理解问题。在这一讨论中，黑格尔自然哲学构想的尝试必须与他那个时代为自然科学奠定哲学基础的其他尝试联系起来。这里只需指出，黑格尔从（黑格尔式的）概念出发发展自然科学考察方式的做法也包含了与康德自然科学论证的争辩，而在康德那里，这一论证是在《自然科学的形而上学初始根据》（1786 年）中通过将先验原则应用于外部感官对象来对物质概念作出规定而给出的。因此，黑格尔强调康德的一个积极成就，即试图使"自然不是作为以感性的方式赋予知觉的东西，并将其当作科学的基础"，"而是从绝对概念中发展其规定"（第五卷，第 201 页）。在考虑黑格尔自己对这一计划的实施时，我们不能完全避免这样一种印象，即黑格尔认识到了康德的路径在概念上的一些困难，并且在他的构想中可以避免这些困难。这里首先应该提到的是康德的物质概念建构方案，黑格尔对康德的做法提出了反对意见，这一反对意见至今仍被广泛讨论："康德的做法基本上是一种分析式的，而非建构式的。他

93

预设了物质的表象，然后追问需要哪些力。"（第五卷，第 201 页）然而，这里还应该提到关于运动概念和实在对立关系的哲学论证可能性更复杂的思路，在这些思路中，黑格尔当然可以在其理论框架内应对康德理论的某些难题。在这里并不是要主张黑格尔哲学优于康德的自然科学论证，而只是想指出，必须结合当时的尝试的语境来看待自然科学规定的哲学论证方案以及与之相关的一些问题。

黑格尔的自然哲学遭到排斥的直接原因，可能在于人们认为黑格尔大部分内容上的论述落后于当时的自然科学知识水平。然而，根据最近对 19 世纪早期自然科学的发展和状况的历史研究，黑格尔对他所处时代的科学方法及其问题的熟悉程度可能远远超过了 19 世纪和 20 世纪大部分人所愿意承认的程度，这种观点正在慢慢得到越来越多的支持者。因此，我们目前最好不要对这一问题作出最后的判断。关于当下意义的问题却不能这样说。在这里不容忽视的是，黑格尔自然哲学的论点对当代自然科学理论和实践根本毫无意义。

精神哲学

黑格尔的精神哲学分为主观精神、客观精神和绝对精神理论。主观精神哲学包含黑格尔的哲学心理学，客观精神哲学包含他的法和国家学说以及他的世界历史构想，而绝对精神哲学则阐述了他的艺术、宗教和哲学理论。黑格尔只在《哲学科学百科全书》中用几段文字非常简短地向广大读者简要介绍了主观精神哲学，尤其是绝对精神哲学。他不仅在《哲学科学百科全书》中阐述了客观精神哲学，而且在他那个时代已备受关注的名为《法哲学原理：自然法和国家学纲要》（1821年）的著作中详细阐述了客观精神哲学。就体系的这一部分而言，在逻辑学中阐发出来的原理也同样适用，即某东西——在这里是被称为"精神"的事态——必须经历一个实现的过程，以便认识到它的真理，即它的存在。这一原理在这里也同样适用，即只有（黑格尔式的）概念，或通过概念可以认识到的东西，才是现实的，因为它是"由概念本身所设定的现实"（《法哲学原理》，第1节）。然而，重要的是要牢记黑格尔的信念（这一信念与实在哲学的所有领域都相关），即这种现实概念并不会导致，我们必须将一切定在的东西都视为合乎理性的，而是允许诸如"外部偶然性"和"无本质的现象"（《法哲学原理》，第 1 节）这样的东西存在，而这些东西不必被黑格尔的概念解释为必然的。

主观精神哲学应当以作为认识着的精神的具体精神为其主题，但"认识在这里并不仅仅被理解成作为逻辑理念的理念规定性［……］，而是被理解为具体精神把自己规定为认识"（1830 年版《哲学全书》，第 387 节）。这一任务与黑格尔在其《精神现象学》中所做的尝试有某种相似之处，但黑格尔在这里并没有将其理解为体系导论，而是将其理解为从逻辑学中得出的理念的实在发展的呈现。因此，下面这段话也适用于主观精神："正如在一般概念中出现在概念身上的规定性是发展的进展一样，在精神中每一个显现出来的规定性也都是发展和继续规定的环节，是向自己的目标的前进，以便使自己成为它和自为地成为它自在地是的那个东西。"（1830 年版《哲学全书》，第 387 节附释）主观精神哲学包含人类学、精神现象学和心理学。这一章的内部结构出于此，即主观精神的每一阶段都应成为下一阶段的认识对象："正如意识［现象学］把先行的阶段［人类学］——自然灵魂——作为它的对象［……］一样；精神［在心理学所阐述的］则以或者说其实是把意识作为它的对象；也就是说，意识只自在地是自我与其他者的理念性，［……］因此，精神自为地设定了这种理念性，以至于只精神才知道它，这种具体的统一体。"（1830 年《哲学全书》，第 443 节）在这些部分中，黑格尔探讨和分析了与个人的躯体、心理和心智属性、状态、过程和活动有关的所有现象。从表现为气质、性格和相貌的个人自然品质，到感受、感觉、知觉和欲望，再到自我意识、直观、表象、思维和意志，所涉及的主题范围十分广泛。在这里，我们可以看到他的语言习得理论、实践感觉理论、想象力的功效和功能的理论，他对习惯维系生命的力量的辩护，他对身心问题的解决，他对精神疾病的起源和治疗的看法，以及其他更多的内容。在这些分析中，黑格尔的目的是用一种心理现象的"哲学观点"取代经验心理学的"普通考察方式"（参见 1830 年版《哲学全书》，第 387 节附释），这种哲学观点的显著特征应当在于，它允许把心理过程的主体解释为心理活动的产物，而不是把它看作拥有某些能力和力量的实体一样的东西，把这些能力和力量理解为它的属性。因此，通过个体活动在政治和历史世界中得以现实化，这种观点也让黑格尔引入了客观精神哲学。这不仅适用于把主观精神规定为自由精神，而且作为主观精神，它始终只能是一种个别意志，必须在公共世界中实现自己："因此，理念只显现在意志中，而意志是有限的，却是发展理念并把理念自己展开的内容作为定在设定起来的活动，而这个定在作为理念的定在就是现实，——这就是客观精神。"（1830年版《哲学全书》，第482节）毋宁说，这也适用于个人的所有其他需要和活动。例如，性冲动"在家庭中获得其精神和伦理的意义与规定"（1830年版《哲学全书》，第397节）。

主观精神哲学引起的一些关注其实只持续到了19世纪中叶，而客观精神哲学，即黑格尔的法和国家理论，不仅在19世纪，而且恰恰也在20世纪受到了高度重视。这不仅是因为它对马克思主义和其他反自由主义的社会理论具有重大意义。最重要的是，由于其政治含义，它一再成为激烈争论的对象。黑格尔的整个政治哲学主要从他很早就怀有并终生坚持的三大信念出发。其中的第一个信念是，任何现代的法和国家哲学都必须能够整合自由的概念，而自由是欧洲，尤

其是德国启蒙的核心概念。第二个信念是，正是对现代政治哲学而言，亚里士多德《政治学》中已经提出的整体优先于其部分的识见必须得到维护和更新。最后，第三个信念是引导黑格尔全部哲学努力的信念，即政治哲学也必须为证实"唯有理性才是实在的"这一论点做出贡献。黑格尔试图在其客观精神理论的框架内满足这三个信念，他①引入了一个不同寻常的自由概念，②将亚里士多德的整体与他称之为"伦理"⁹⁹的事态等同起来，③宣布这被称为"伦理"的事态是"理性的现实"（《法哲学原理》，第360节）。

　　黑格尔将自由意志的概念作为其客观精神哲学的基本概念，从而满足了整合自由的自我要求。这就是黑格尔独特的自由构想发挥作用的地方。黑格尔认为，一个可以关联于任何内容作为其目的的意志，并不因此就是自由的，而真正自由的意志是只规定自身的意志。对黑格尔来说，自我规定意味着：以意愿的方式与自我相关，即意愿自我本身（《法哲学原理》第21节及以下各节）。因此，黑格尔将自由视为自我关联的一种情况，并以此让自由趋近他的认识概念，而认识概念也以自我关联的观念为基础（参见本书《精神现象学》一章）。这种趋近完全是黑格尔有意为之的，因为这使他有可能把各种意志规定的体系展开方案既阐释为自由意志定在的各种方式，同时也阐释为一种认识过程。因此，在对意志规定发展的概念把握中，黑格尔自己看到了他的自由哲学的思辨方面："在这里只能指出，当我们说意志是普遍的，意志规定自己时，就已经把意志表述为一个预设的主体或基质，但在它的规定和扬弃之前以及在这种规定的理念性之前，它并不是一个完成了的和普遍的东西，而只是作为这种在自身中中介自身的活动和返回自身的意志。"（《法哲学原理》，第7节附释）在此意义上这意味着："唯有在这种自由中，意志才是绝对守在自己身边的，因为它除了自身之外，它不与任何其他东西相关，从而一切依赖于某种他物的关系都消失了。——它是真的，或者毋宁说就是真理本身，因为它的规定在于它的定在，即作为与自己相对立的东西，它的概念之所是，或者说纯粹概念以对它自身的直观作为它的目的和实在性。"（《法哲学原理》，第23节）

然而，为了深入了解黑格尔确切的自由构想，在这里（与许多其他主题一样），我们必须考虑到《哲学科学百科全书》和《法哲学原理》在处理客观精神方面的区别。在《哲学全书》中，黑格尔总体上比在

《法哲学原理》（参见《法哲学原理》，第258节）中更强烈地倾向于把作为自由精神的主观精神最后的规定（这种精神应当在政治和世界历史事件中现实化自身并需要对客观精神进行考察）纳入他关于客观精神的论述，并在这个意义上理解国家与个人之间的关系，简单地说，就是个人在国家的范围内现实化自己，而反过来，国家也是由个人的活动构成的："然而，作为思维着的理智，人格知道那个实体是它自己的本质，在这种意向中停止为这个实体的偶性，而是把这个实体直观为自己在现实中的绝对最终目的，既把它当作一个已经达到了的此岸，也是它通过自己的活动产生的，又把它当作一种无条件存在的东西。"（1830年版《哲学全书》，第514节）因此，如何思考《哲学科学百科全书》与《法哲学原理》中对客观精神的探讨之间的关系，已经成为黑格尔政治哲学的一个讨论焦点。

101

在其自由构想的背景下，黑格尔首先阐发了他的法和道德理论，从自由意志的概念出发，一方面推导出人格所有的法权关系，另一方面推导出道德行动的义务特性。通过他的法权理论，黑格尔为私法和刑法哲学基础的讨论做出了自己的贡献。在此引导他的思考的基本论点是，法在其所有民法和刑法表现形式中的必然条件是所有权，而所有权的取得和使用首先为自由开辟了空间。在其道德理论中，黑格尔从获得道德立场以对行动予以评判并将道德目的转化为行动的方面，对自律主体的道德行为进行了主题探讨。然而，黑格尔认为，法权关系和道德规范建立在社会制度之上。黑格尔将这些制度把握为"伦理"这一概念。在黑格尔的语言中，伦理作为法和道德的可能性根据，乃是自由意志的真理，即自由意志现实之所是。由于自由意志现实之所是（在"真正"的意义上）也包括它是现实的（在"实在"的意义上），因此，对黑格尔来说，伦理也是自由意志的现实。就此而言，这一现实是"预先设定的整体"（1830 年版《哲学全书》，第515 节），只有与之相关，关于法和道德的言说才有意义。关于现实伦理为法和道德奠定基础的功能的这一论点，旨在考虑到政治哲学中整体至上的准则，而这一准则可追溯到亚里士多德。

黑格尔让伦理以三种制度形式出现，即家庭、市民社会和国家。家庭理论包含了他对婚姻伦理功能的思考、对一夫一妻制的辩护、对家庭财产和继承法的观点以及对子女教育的准则。市民社会理论之所以广为人知且具有影响，主要是因为黑格尔对一个仅以个人经济利益和生存需要为基础的社会所陷入的困境给出了诊断。这一诊断基于黑格尔对一个纯粹以经济关系为基础的共同体的分析。这些分析在很大程度上要归功于亚当·斯密、让·巴蒂斯特·萨伊和大卫·李嘉图的政治经济学论著，黑格尔经常明确提到这些论著（参见《法哲学原理》，第189节附释）。黑格尔认为，作为一个经济共同体，市民社会的定义是：在其中，人们通过劳动来满足自己的需要。需要的多样性意味着只有通过社会分工才能满足这些需要。其结果是，经济主体联合起来组成等级和同业公会，其成员各自在社会组织起来的需要满足过程中承担着特定的任务。黑格尔认为有三个等级（《法哲学原理》，第202节及以下）：农民等级，他称之为"实体性等级"；产业等级，他把手工业者、制造商和商人都算在内；以及他所称的"普遍等级"，其成员履行司法和警察职能（参见《法哲学原理》，第287节）。虽然这个这样组织起来的市民社会的全部领域绝不是一个法权真空的空间，而是受到民法和刑法的调整，但按照黑格尔的观点，它是无法长久地稳定下来的。也就是说，它无法防止多数的穷人和少数的富人之间的两极分化和人口过剩，以至于最终整个社会的财富甚至不足以保障满足所有人最基本的需要（参见《法哲学原理》，第 245 节）。黑格尔认为，其结果是殖民化和"贱民"（Pöbel）的形成。两者都会趋向于摧毁市民社会。

黑格尔认为，要避免市民社会的这一命运，人们就不能按照自己的特殊需要和利益来指导自己的活动，而要承认国家是他们的"普遍目的"（《法哲学原理》，第 256 节），他们的一切活动都是为了维护这一目的。黑格尔将国家视为权力分立的君主立宪制。对他来说，国家的宪制绝不是任何宪法制订机构的产物，也不是任何个人的作品。黑格尔认为，"绝对本质的是，宪法虽然是随着时代而产生的，但不能被视为一种制造出来的东西"（《法哲学原理》，第 273 节附释）。毋宁说，宪制是在其历史进程中表现为其伦常和习俗的一个民族的精神。这种观点一方面使黑格尔能够主张，每个民族都有"适合于它并属于它的"宪制（《法哲学原理》，第 274 节附释），另一方面又坚持认为宪制变更只有很小的回旋余地。合乎理性组织起来的国家必须是君主制国家，因为表征这样一个国家的个体性只能由一个具体的个人才能得到合适地代表，国家的主权行为作为人格可以归属于这个具体的个人。除此之外，黑格尔也支持世袭君主制，这是因为他认为通过自然血统决定君主的程序是最不依赖于任意决定的程序。除了宪制框架内最终决断环节的王权之外，黑格尔的国家权力理论还有行政权和立法权。黑格尔也把司法权赋予了行政权，行政权的任务是追求普遍的国家利益，进行法和法律的贯彻实施。立法权以宪制和法律的"进一步规定"为其对象。立法权由一个等级议会行使，等级议会分为两院。第一院由一定的大地主群体组成，他们通过出生而成为该议院的成员，第二院由市民社会同业公会制度的代表组成，他们由这些机构委派到等级议会。因此，在黑格尔的国家模式中，两院的产生都没有民众的直接政治参与。这一国家理论引起了许多争议，尤其是在黑格尔时代，因为它坚决维护世袭君主制，并在国家公民政治代表权的所有问题上都具有强烈的反民主色彩。早在19世纪就已经出现的黑格尔是普鲁士国家哲学家的说法，正是基于政治哲学的这一部分。

通过将伦理在内容上解释为"一个民族的［……］精神"（《法哲学原理》，第156节），黑格尔获得了与包含其政治哲学的精神理论的联系。这种解释一方面为他提供了阐发其历史观点的机会，另一方面也为他提供了通向其绝对精神理论的机会。历史哲学由这样的观念引入，即作为自由意志之现实的伦理在不同民族中采取不同的形态。这些形态的不同之处在于不同的伦理制度在其中实际养成的程度。黑格尔现在认为，这种养成是在他所谓"世界历史"的历史进程中发生的。他认为，这个被视为"自由意识的进步"的世界历史过程可以划分为性质不同的四个时代，与之相对应的是四个"世界历史帝国"（《法哲学原理》，第 352 节及以下）。黑格尔让这一世界历史过程以"东方帝国"为开端，随后是"希腊帝国"和"罗马帝国"。日耳曼帝国是这一过程的终结，日耳曼民族被赋予了"实现神的本性与人的本性统一的原则，客观真理与自由 [……] 的和解"（《法哲学原理》，第 358 节）的任务。黑格尔现在把这种和解解释为理性自我认识过程的结论。这一过程的结果就是理性知道自己乃是一切实在的识见："由于它（世界精神）作为精神只是它绝对知道自己、把自己的意识从自然的直接性形式中解放出来并走向自身的活动的运动，那么这种自我意识在其解放进程中的形态的原则，即世界历史帝国，就是四个原则。"（《法哲学原理》，第 352 节）这样，黑格尔就把客观精神理论纳入他的理性形而上学，现在可以把这种理性知识不同方式的主题切换为绝对精神理论。

黑格尔的绝对精神哲学包含他的艺术哲学、宗教
哲学和哲学理论。尽管所有这些对象从一开始就在黑
格尔的体系性努力中占据了牢固的位置，尽管他的艺
术哲学和宗教哲学（一个在艺术史和美学理论方面，
另一个在神学方面）影响深远，但黑格尔哲学的这些
部分在黑格尔本人出版的著作中阐述得相对较少。除
了在第一部著作《费希特与谢林哲学体系的差异》（见
耶拿时期著作）和《精神现象学》最后两章中作了一
些粗略的提示外，黑格尔只在《哲学科学百科全书》
的结尾用了几个段落来论述它们。这些段落表明，理
性有三种不同的方式与自身发生知识上的关系。这些
不同的方式展现在艺术、宗教和哲学中。它们的不同
之处在于，理性在所有这些方式中知道自己的方式。
在艺术中，理性通过直观——在黑格尔看来，就是通
过直接知识——来与自身相关，而在宗教中，理性通
过表象的形式来实现这种知识的自我关联，这种表象
与知识被扬弃的直接性相联系。最后，在哲学中，理
性的自我关联在认识模式中得以确立。尽管这种对艺
术、宗教和哲学进行功能分析所依据的认识论模式理

论显然以黑格尔的主观精神理论成果为导向（参见《哲学全书》，第445—468节），但它仍有其难以揭开的秘密。

在这种不同知识方式的背景下，黑格尔首先以艺术形式和艺术类型理论的形态展开了他的艺术理论。黑格尔认为有三种不同的艺术形式，他称之为象征的、古典的和浪漫的艺术形式。这三种艺术形式的区别在于理性赋予自身的感性（即直观）形态所具有的精神特征的不同表现可能性。这些类型本身的特点是一种理性的内容作为感性形态的意义而显现的方式。在象征型艺术形式中，意义与感性形态之间的关系是相对偶然的，因为它只是通过一种随意选择的特征而产生的。例如，黑格尔提到，狮子是力量的象征。在古典型艺术形式中，感性形态恰当表达了它的意义。黑格尔认为，人的形态是精神恰当感性化的范式，它首先是在雕塑中呈现的，但也在绘画中呈现。最后，浪漫型艺术形式以呈现精神"自觉的内在性"为对象。在这种艺术形式中，主体的情感世界通过感性媒介得以表达。黑格尔将不同的艺术类型解释为艺术形式在不同质料中的实现。虽然每一种艺术类型都可以出现在每一种艺术形式中，但黑格尔认为，每一种艺术类型

109

都有一种卓越的艺术形式，他称之为其基本类型。黑格尔所考察的第一种艺术类型是建筑。它的任务是以艺术的方式对无机自然进行加工。它的基本类型是象征型艺术形式。第二种艺术类型是雕塑，其基本类型是古典艺术形式。它应当将无机自然塑造成人体的形态性。其他艺术类型包括绘画、音乐和诗歌，其基本类型是浪漫型艺术形式。绘画标志着开始脱离对自然材料的直接处理，就此而言，物质的某种理智化使其能够呈现感觉、情感等。最典型的浪漫型艺术是音乐。它的材料是声音，声音只是在比喻的意义上以物质的形式表现出来，因此特别适合让最短暂的心灵悸动"响起并消逝"。最后，作为浪漫型艺术的最后一种，诗歌只与作为物质的符号有关，符号在这里并不作为物质的实体发挥作用，而是作为意义的载体。这些意义涉及表象和其他精神内容的领域，以至于在诗艺中，一种理性的内容能以适合其精神性的方式加以塑造。黑格尔禁不住诱惑，将自己的这一艺术形式和艺术类型理论作为艺术发展史的阐释模式。黑格尔将艺术形¹¹⁰式和艺术类型历史化的做法，极大地促进了时代这一概念在艺术史中的重要性。

在宗教哲学的框架内，黑格尔支持这一论点，即只有在基督宗教中才能满足理性对自身的表象性知识所特有的条件。宗教哲学的对象不仅是神，而且是宗教，也就是说，在黑格尔看来，就是神呈现给宗教意识的方式。通过这一描述，黑格尔希望将宗教哲学与传统的自然神学（*theologia naturalis*）区分开来。在其对象的两个组成部分的基础上，宗教哲学首先试图更切近地规定神的概念和宗教意识的各种类型，比如感情、直观和表象。宗教哲学的第一部分对"宗教的概念"进行了专题论述。宗教哲学的第二部分考察的是黑格尔所谓的"特定的宗教"。在这里，他关注类似于一种宗教现象学的东西，即呈现宗教的各种表现形式和客观化。这种呈现的出发点是所谓的自然宗教，黑格尔认为，自然宗教有三种形式，即巫术宗教、实体性宗教和抽象主体性宗教。它特定的特征是，在其中，神被认为是与自然直接统一的。自然宗教在东方的诸种宗教中得到了历史性的表达。黑格尔把"精神个体性的宗教"视为第二个阶段，其形式是崇高的宗教、美的宗教和合目的性的宗教。在这个阶段，神被理解为主要是精神性本质，这种精神性本质不是自然，却主宰和决定着自然。黑格尔将这些宗教归类为犹太宗教、希腊宗教和罗马宗教。最后，第三个阶段是"完成的宗教"，宗教哲学的第三部分致力于对这一宗教的讨论，在这一宗教中，神被表象为其真相，即"无限的、绝对的自身目的"。完成的宗教的神以三位一体的形态，即圣父、圣子和圣灵的统一，显现在宗教意识之中。黑格尔认为，这一表象只有在基督教中才得以恰当地实现。黑格尔的宗教哲学对不同教派的神学讨论和立场都产生了巨大影响。然而，黑格尔的宗教哲学也不乏批评者，正如鲁道夫·海谋（Rudolf Haym）早已指出的那样，黑格尔的宗教哲学似乎是将神圣之物消解为理性，将虔诚消解为知识。

最后，就哲学而言，当某东西被识见为必然的时候，表征它的知识模式，即认知就会出现。由于绝对精神领域中的理性只与自身相关，因此，黑格尔认为，理性与自身认识关联的成就在于，它把自己在逻辑、自然和精神中的实现过程概念把握为一个必然过程。这个过程在其必然性中的呈现就是哲学。这一哲学过程也以哲学史的形态在时间中得到体现。在黑格尔看来，它把自己呈现为哲学立场的历史序列，在每一个哲学立场中，（黑格尔式的）理性的本质规定都被作为对世界的思维理解的原则，且具有典型的时代片面性和局限性。黑格尔认为，哲学对现实的把握之所以能在时代中出现，其条件是存在政治自由。哲学思维只有在自由宪制存在的共同体中才能展开。黑格尔认为，自由和宪制的观念最初是作为希腊即西方思想的产物而出现的，因此他认为，哲学话语真正说来是一种特殊的西方成就。因此，他坚决拒绝承认东方世界有任何与哲学相关的理智成果，而他把中国和印度作为东方世界的主要代表。东方所有的智慧学说最多只能被作为宗教观念的经典编纂而予以接受。对于西方人来说，如果其中一些学说看上去表达了一种哲学思想，那是因为他混淆了东方宗教观念的抽象普遍性和自我思维着的理性思想所具有的普遍性。黑格尔认为西方哲学可分为两大时期，即希腊哲学和日耳曼哲学。希腊哲学在一定程度上也包括罗马哲学，而日耳曼哲学则包括欧洲其他各民族的哲学，因为这些民族"整体上都受过日耳曼教化"。希腊哲学与日耳曼哲学的差别在于，希腊哲学还没有能力在其所有的深度上把握精神的概念。这只有通过基督教及其在日耳曼世界的接受才成为可能。因为只有在这种历史背景下，这种识见才会被普遍接受，即精神的本质是主观性，即对自身的知识。

黑格尔认为，哲学应当形成自我知识的方式，它将其他两种自我关联的方式扬弃在自身之中。哲学知识"就此即是艺术和宗教思维着认识到了的概念，在这种概念中，内容上有差异的东西被认识到是必然的，而这种必然的东西则被认识到是自由的"（1830年版《哲学全书》，第572节）。由于艺术、宗教和哲学在各个世界历史时代都具有与理性知道自身的各种方式相对应的意义，因此必须把理性的表现方式视为与世界历史过程有着复杂的联系。为了理解这种联系，我们必须首先认识到，黑格尔是以这样一种方式来思考世界历史的发展的，即我们可以在这种发展中区分客观精神和思维着的精神。世界历史的过程应当被解释为世界精神不断增长的自我认识，而世界精神则以民族精神的形态表现出来。世界精神可以与民族精神的实在表现形式区分开来，世界精神是一种思维着的精神，是各个民族精神的真理，即这种摆脱了其偶然性的精神："但它是在伦理中思维着的精神，这种精神在自身内扬弃它作为民族精神在其国家和国家暂时的利益、法律和风俗体系中所具有的有限性，并把自己提升到对在其本质性中的它自己的知识，但这种知识本身又具有民族精神的内在局限性。"（1830年版《哲学全书》，第552节）这种构想是世界精神能够上升到对绝

114

对精神的知识的前提。但它只有去除了民族精神和它自己的世俗性的局限性，才能做到这一点："然而，世界历史思维着的精神，通过它同时摆脱诸特殊民族精神的那种局限性和它自己的世俗性，［……］并上升到对绝对精神的知识，作为永恒现实的真理，在其中，认知着的理性是自由自为的，而必然性、自然和历史只服务于它的启示，是它荣誉的盛器。"（1830 年版《哲学全书》，第 552 节）因此，绝对精神的历史作为走向自身的历史，是思维着的精神与客观精神相联系的历史，其结果必定是对绝对精神的知识。

由于哲学在这里是作为一种对绝对精神的知识形式出现的，那么我们就必须进一步追问，如何思考哲学与这种发展的关系。黑格尔在这里的构想是由两个信念规定的：首先，哲学具有与宗教相同的内容，但哲学知识的形式本身的发展方式是这样的，即哲学只能在过程的最后以一种恰当的方式——思辨性地——把握这一内容。其次，哲学被黑格尔以这种方式引入，即哲学基本上是试图事后概念把握一个时代的真理，或以认知的形式对其回忆。这与黑格尔的著名论点有关，即哲学只能在思想中把握它的时代（《法哲学原理》序言）。黑格尔的这两个信念不仅是上述"哲学知识是艺术和宗教的概念"这一论点的前提。毋宁说，只有这样，黑格尔才能把自由的实现阐释为理性自我认识过程的结论，并同时宣称这种自我认识在作为科学的哲学中得到了呈现。因此，黑格尔在关于法哲学的论述中说："概念所教导也必然就是历史所呈示的。这就是说，直到现实成熟了，理想的东西才会对实在的东西显现出来，并在把握了这同一个实在世界的实体之后，才把它建成为一个理智王国的形态。"（《法哲学原理》序言）

在思想上实现了理性与实在的和解，黑格尔认为这是自己哲学的历史功绩。它所传达的信息归根结底只由一个命题构成：理性是一切实在，并且知道自己就是一切实在。在黑格尔看来，其体系在成功证明这一命题的合理性中找到了自己的完结。早在19世纪，这一体系所基于的理性乐观主义就引起了人们（比如，尼采和新康德主义的代表人物）的不满。至于在我们这个时代，黑格尔对理性的不屈信仰能否令人信服，这就相当可疑了。

文献指引①

---

① ［译注］已有中文版的文献，译者一并提供相关出版信息。

黑格尔著作版本

全集

Georg Wilhelm Friedrich Hegel: Gesammelte Werke. Hrsg. von
der Rheinisch-westfälischen Akademie der Wissenschaften.
Hamburg: Meiner, 1968 ff. [Zit. als: GW.] （中文版：梁
志学主编，《黑格尔全集》，北京：商务印书馆）

- Werke. Vollst. Ausg. durch einen Verein von Freunden des
  Verewigten. 18 Bde. in 21. Berlin: Humblot, 1832 – 45.

- Werke in 20 Bänden（Theorie-Werkausgabe）. Auf der
  Grundlage der Werke von 1832 – 1845 neu ed. Ausg. Red.
  Eva Moldenhauer und Karl Markus Michel. Frankfurt a. M.:
  Suhrkamp, 1970.（中文版：张世英主编，《黑格尔著作
  集》，北京：人民出版社）

- Vorlesungen. Ausgewählte Nachschriften und Manuskripte.
  Hamburg: Meiner, 1983ff.

- Briefe von und an Hegel. Hrsg. von Johannes Hoffmeister und
  Friedhelm Nicolin. 4 Bde. Hamburg: Meiner, 1952 – 81.

按出版日期分列的单个作品（摘选）

Georg Wilhelm Friedrich Hegel: Theologische Jugendschriften.
Hrsg. von Hermann Nohl. Tübingen: Mohr, 1907. Nachdr.
Frankfurt a. M. 1966.（中文版：《黑格尔早期神学著作》，

贺麟译，北京：商务印书馆，1988 年版）

- Dissertatio philosophica de orbitis planetarum [...]. Jena: Prager, 1801.

- Differenz des Fichte'schen und Schelling'schen Systems der Philosophie [...]. Jena: Seidler, 1801. （中文版：《费希特与谢林哲学体系的差别》，宋祖良、程志民译，北京：商务印书馆，1994 年版；另有朱更生译本，见《黑格尔著作集》第 2 卷，北京：人民出版社，2017 年版；王志宏译本，《费希特与谢林哲学体系的差异》，上海：东方出版中心，2024 年版）

- Glauben und Wissen oder die Reflexionsphilosophie der Subjektivität [...]. In: Kritisches Journal der Philosophie. Hrsg. von Friedrich Wilhelm Joseph Schelling und Georg Wilhelm Friedrich Hegel. Tübingen: Cotta, 1802. （中文版见《黑格尔著作集》第 2 卷，朱更生译，北京：人民出版社，2017 年版）

- Jenaer Systementwürfe I: Das System der spekulativen Philosophie. Neu hrsg. von Klaus Düsing und Heinz Kimmerle. Hamburg: Meiner, 1986. （中文版：《黑格尔全集》，郭大为、梁志学译，北京：商务印书馆，2017 年版）

- Jenaer Systementwürfe II: Logik, Metaphysik, Naturphilosophie. Neu hrsg. von Rolf-Peter Horstmann. Ebd. 1982.

-Jenaer Systementwürfe III: Naturphilosophie und Philosophie des Geistes. Neu hrsg. von Rolf-Peter Horstmann. Ebd. 1987.

Georg Wilhelm Friedrich Hegel: System der Wisse-nschaft. Tl. 1: Die Phänomenologie des Geistes. Bamberg/Würzburg: Goebhardt, 1807. （中文版：《精神现象学》，贺麟、王玖兴译，北京：商务印书馆，1979 年版；另有先刚译本，《精神现象学》，北京：人民出版社，2013 年版，邓晓芒译本，《精神现象学》，北京：人民出版社，2017 年版）

Georg Wilhelm Friedrich Hegel: Wissenschaft der Logik. 3 Bde. Nürnberg: Schrag, 1812 - 16. （中文版：《逻辑学》，杨一

之译，北京：商务印书馆，1982 年版；另有先刚译本，
《逻辑学》，北京：人民出版社，2019 年版）

- Naturrecht und Staatswissenschaft im Grundrisse. Grundlinien
  der Philosophie des Rechts. Berlin: Nicolai, 1821. [Zit. als:
  Rph.]（中文版：《法哲学原理》，范扬、张企泰译，北京：
  商务印书馆，1982 年版；另有邓安庆译本，《法哲学原
  理》，北京：人民出版社，2017 年版）

- Enzyklopädie der philosophischen Wissenschaften im Gru-
  ndrisse. 3. Aufl. Heidelberg: Oßwald, 1830. [Zit. als:
  Enz.]（《哲学科学百科全书纲要》，完整译本有薛华译，
  北京：商务印书馆，2021 年版；另有中文版黑格尔著作集
  第 8—10 卷，其中《逻辑学》部分由先刚译出，北京：人
  民出版社，2023 年版；《自然哲学》，刘哲译，北京：人民
  出版社，2022 年版；《精神哲学》，杨祖陶译，北京：人民
  出版社，2015 年版。另有两个《逻辑学》部分［“小逻
  辑”］单行译本，贺麟译，北京：商务印书馆，1981 年
  版；梁志学译，北京：人民出版社，2002 年版。《自然哲
  学》，梁志学译，北京：商务印书馆，1980 年版）

整体阐述

Beiser, Frederick C. (Hrsg.): The Cambridge Companion to
Hegel. Cambridge 1993.

Drüe, Hermann [u. a.]: Hegels Enzyklopädie der philosophischen
Wissenschaften (1830). Ein Komm-entar zum System-
grundriss. Frankfurt a. M. 2000.

Inwood, Michael J.: Hegel. London 1983.

Pöggeler, Otto (Hrsg.): Hegel. Einführung in seine
Philosophie. Freiburg i. Br./München 1977.

Schmitz, Hermann: Hegel als Denker der Individualität.
Meisenheim 1957.

Schnädelbach, Herbert: Hegel zur Einführung. Hamburg 1999.

Scholz, Heinrich: Die Bedeutung der Hegelschen Philosophie

für das philosophische Denken der Gegenwart. Berlin 1921.

Stern, Robert (Hrsg.): G. W. F. Hegel: Critical Assessments. 4 Bde. London 1993.

Taylor, Charles: Hegel. Frankfurt a. M. 1978. （中文版：《黑格尔》，张国清、朱进东译，南京：译林出版社，2002年版）

生平与著作

Haym, Rudolf: Hegel und seine Zeit. Berlin 1857. Nachdr. Darmstadt 1962.

Pinkard, Terry: Hegel. A Biography. Cambridge 2000. （中文版：《黑格尔传》，朱进东、朱天幸译，北京：商务印书馆，2015年版）

Rosenkranz, Karl: Hegel's Leben. Berlin 1844. Nachdr. Darmstadt 1969.

关于青年时期著作

Dickey, Laurence: Hegel. Religion, Economics and the Politics of Spirit, 1770 – 1807. Cambridge 1987.

Dilthey, Wilhelm: Die Jugendgeschichte Hegels und andere Abhandlungen zur Geschichte des deutschen Idealismus. Berlin 1921.

Fulda, Hans Friedrich/Horstmann, Rolf-Peter (Hrsg.): Rousseau, die Revolution und der junge Hegel. Stuttgart 1991.

Harris, Henry S.: Hegel's Development. Toward the Sunlight. 1770 – 1801. Oxford 1972.

Jamme, Christoph/Schneider, Helmut (Hrsg.): Mythologie der Vernunft: Hegels » ältestes Systemprogramm des deutschen Idealismus«. Frankfurt a. M. 1984.

Kondylis, Panajotis: Die Entstehung der Dialektik. Eine Analyse der geistigen Entwicklung von Hölderlin, Schelling und Hegel bis 1802. Stuttgart 1979.

Lukacs, Georg: Der junge Hegel. Über die Beziehungen von Dialektik und Ökonomie. Neuwied 1967. [Zuerst 1948.] (中文选译本：《青年黑格尔》，王玖兴译，北京：商务印书馆，1963 年版)

Schmidt, Thomas M.: Anerkennung und absolute Religion. Formierung der Gesellschaftstheorie und Genese der spekulativen Religionsphilosophie in Hegels Frühschriften. Stuttgart 1998.

Timm, Hermann: Fallhöhe des Geistes. Das religiöse Denken des jungen Hegel. Frankfurt a. M. 1979.

关于耶拿时期著作

Baum, Manfred: Die Entstehung der Hegelschen Dialektik. 2. Aufl. Bonn 1989.

Düsing, Klaus: Das Problem der Subjektivität in Hegels Logik. Systematische und entwicklungsgeschichtliche Untersuchungen zum Problem des Idealismus und zur Dialektik. Bonn 1976.

-/Henrich, Dieter (Hrsg.): Hegel in Jena. Die Entwicklung des Systems und die Zusammenarbeit mit Schelling. Bonn 1980.

Harris, Henry S.: Hegel's Development: Night Thoughts. Jena 1801 - 1806. Oxford 1983.

Kimmerle, Heinz: Das Problem der Abgeschlossenheit des Denkens. Hegels » System der Philosophie « in den Jahren 1800 - 1804. Bonn 1970.

Kwade, Anne-Kristina: Grenze. Hegels »Grenz«-Begriff 1804/5 als Keimzelle der Dialektik. Würzburg 2000.

Siep, Ludwig: Anerkennung als Prinzip der praktischen Philosophie. Untersuchungen zu Hegels Jenaer Philosophie des Geistes. Freiburg i. Br./München 1979.

Vieweg, Klaus: Philosophie des Remis. Der junge Hegel und das »Gespenst des Skeptizismus«. München 1999.

关于体系的形而上学基础

Brockard, Hans: Subjekt. Versuch zur Ontologie bei Hegel. München 1970.

Fulda, Hans Friedrich/Horstmann, Rolf-Peter (Hrsg.): Skeptizismus und spekulatives Denken in der Philosophie Hegels. Stuttgart 1995.

Henrich, Dieter: Selbstverhältnisse. Gedanken und Auslegungen zu den Grundlagen der klassischen deutschen Philosophie. 2. Aufl. Stuttgart 1993. （中文版：《自身关系：关于德国古典哲学奠基的思考与阐释》，郑辟瑞译，北京：中国人民大学出版社，2017 年版）

Horstmann, Rolf-Peter: Wahrheit aus dem Begriff. Frankfurt a. M. 1990.

-(Hrsg.): Seminar: Dialektik in der Philosophie Hegels. 2. Aufl. Frankfurt a. M. 1989.

Longuenesse, Beatrice : Hegel et la critique de la meta-physique. Paris 1981.

Marcuse, Herbert: Hegels Ontologie und die Grund-legung einer Theorie der Geschichtlichkeit. Frankfurt a. M. 1932.

McTaggart, John: Studies in the Hegelian Dialectic. Cambridge 1922.

Pippin, Robert B. : Hegel's Idealism: The Satisfactions of Self-Consciousness. Cambridge 1989. （中文版：《黑格尔的观念论：自意识的满足》，陈虎平译，北京：华夏出版社，2006 年版）

Rosen, Michael: Hegel's Dialectic and its Criticism. Cambridge 1982.

关于《精神现象学》

Falke, Gustav-Hans: Begriffene Geschichte. Das historische Substrat und die systematische Anordnung der Bewusstseins-gestalten in Hegels Phänomenologie des Geistes. Interpretation und Kommentar. Berlin 1996.

Forster, Michael N. : Hegel's Idea of a Phenomenology of Spirit. Chicago 1998.

Fulda, Hans Friedrich: Das Problem einer Einleitung in Hegels Wissenschaft der Logik. 2. Aufl. Frankfun a. M. 1975.

Harris, Henry S. : Hegel's Ladder. 2 Bde. Indianapolis 1997.

Köhler, Dietmar/ Pöggeler, Otto (Hrsg.): G. W. F. Hegel. Phänomenologie des Geistes. Berlin 1998.

Kojeve, Alexandre: Hegel. Eine Vergegenwärtigung seines Denkens. Kommentar zur Phänomenologie des Geistes. Frankfurt a. M. 1984. （中文版：《黑格尔导读》，姜志辉译，南京：译林出版社，2005 年版）

Pinkard, Terry: Hegel's Phenomenology. The Sociality of Reason. Cambridge 1994.

Pöggeler, Otto: Hegels Idee einer Phänomenologie des Geistes. 2. Aufl. Freiburg i. Br. / München 1993.

Siep, Ludwig: Der Weg der Phänomenologie des Geistes. Ein einführender Kommentar. Frankfurt a. M. 2000.

关于《逻辑学》

Hartmann, Klaus: Hegels Logik. Berlin 1999.

Henrich, Dieter: Hegel im Kontext. Frankfurt a. M. 1971.

- (Hrsg.): Hegels Wissenschaft der Logik. Formation und Rekonstruktion. Stuttgart 1986.

Mure, Geoffrey R. G. : A Study of Hegel's Logic. Oxford 1950.

Theunissen, Michael: Sein und Schein. Die kritische Funktion der Hegelschen Logik. Frankfurt a. M. 1980.

Wolff, Michael: Der Begriff des Widerspruchs. Eine Studie zur Dialektik Kants und Hegels. Meisenheim 1981.

关于自然哲学

Breidbach, Olaf: Das Organische in Hegels Denken: Studie zur

Naturphilosophie und Biologie um 1800. Würzburg 1982.

Horstmann, Rolf-Peter/Petry, Michael J. (Hrsg.): Hegels Philosophie der Natur. Beziehungen zwischen empirischer und spekulativer Naturerkenntnis. Stuttgart 1986.

Petry, Michael J. (Hrsg.): Hegel und die Naturwissenschaften. Stuttgart 1987.

Wahsner, Renate: Zur Kritik der Hegelschen Naturphilosophie. Frankfurt a. M. 1996.

Ziehe, Paul: Mathematische und naturwissenschaftliche Modelle in der Philosophie Schellings und Hegels. Stuttgart 1996.

关于精神哲学

Brauer, Oscar D. : Dialektik der Zeit. Untersuchungen zu Hegels Metaphysik der Weltgeschichte. Stuttgart 1982.

Düsing, Klaus: Hegel und die Geschichte der Philosophie. Ontologie und Dialektik in Antike und Neuzeit. Darmstadt 1983. （中文版:《黑格尔与哲学史: 古代、近代的本体论与辩证法》, 王树人译, 北京: 社会科学文献出版社, 1992 年版）

Eley, Lothar (Hrsg.): Hegels Theorie des subjektiven Geistes in der Enzyklopädie. Stuttgart 1990.

Gethmann-Siefert, Annemarie: Gestalt und Wirkung von Hegels Ästhetik. In: Georg Wilhelm Friedrich Hegel: Vorlesungen. Ausgewählte Nachschriften und Manuskripte. Bd. 2: Vorlesungen über die Philosophie der Kunst. Nachgeschrieben von Heinrich Gustav Hotho. Hrsg. von A. G. -S. Hamburg 1998. S. XV – CCXXIV [Einleitung].

Henrich, Dieter (Hrsg.): Hegels philosophische Psychologie. Bonn 1979.

-/Horstmann, Rolf-Peter (Hrsg.): Hegels Philosophie des Rechts. Die Theorie der Rechtsformen und ihre Logik. Stuttgart 1982.

– (Hrsg.): Hegels Logik der Philosophie. Religion und Philosophie in der Theorie des absoluten Geistes. Stuttgart 1984.

Hespe, Franz / Tuschling, Burkhard (Hrsg.): Psychologie und Anthropologie oder Philosophie des Geistes. Stuttgart 1991.

Honneth, Axel: Kampf um Anerkennung. Zur moralischen Grammatik sozialer Konflikte. Frankfurt a. M. 1992. （中文版：《为承认而斗争：论社会冲突的道德语法》，胡继华译，上海：上海人民出版社，2005 年版）

– Leiden an Unbestimmtheit. Eine Reaktualisierung der Hegelschen Rechtsphilosophie. Stuttgart 2001.（中文版：《不确定性之痛：黑格尔法哲学的再现实化》，王晓升译，上海：华东师范大学出版社，2016 年版）

Jaeschke, Walter: Vernunft in der Religion. Studien zur Grundlegung der Religionsphilosophie Hegels. Stuttgart 1986.

Ottmann, Henning: Individuum und Gemeinschaft bei Hegel. Berlin 1977.

Peperzak, Adriaan T.: Selbsterkenntnis des Absoluten. Grundlinien der Hegelschen Philosophie des Geistes. Stuttgart 1987.

Rosenzweig, Franz: Hegel und der Staat. 2 Bde. München/ Berlin 1920. （中文版：《黑格尔与国家》，黄钰洲译，北京：商务印书馆，2024 年版）

Schnädelbach, Herbert: Hegels praktische Philosophie. Ein Kommentar der Texte in der Reihenfolge ihrer Entstehung. Frankfurt a. M. 2000.

Theunissen, Michael: Hegels Lehre vom absoluten Geist als theologisch-politischer Traktat. Berlin 1970.

Wood, Allen W.: Hegel's Ethical Thought. Cambridge 1990. （中文版：《黑格尔的伦理思想》，黄涛译，北京：知识产权出版社，2016 年版）

译后记

在中文世界，黑格尔毫无疑问是最具有知名度的思想家之一。在德国古典哲学四大家中，黑格尔在中国可以说是占了"先手"，黑格尔重要作品很早就在中国有了成规模的优秀译本，而另外三位思想家，有些甚至直到最近才得到应有的重视。因此，很长一段时间，黑格尔研究顺理成章地成了我国西方哲学研究的"显学"，当然，黑格尔也在20世纪80年代之后顺理成章地成了"死狗"。近些年来，随着"理论版"和"历史考订版"两个黑格尔全集汉译工作的推进，也有可能确实如黑格尔所说的，形形色色的哲学思潮给予的抚慰实在太过悭吝，黑格尔又重新走上了哲学思索的前台，我们感到，黑格尔哲学给了我们一片多么扎实的实体性思想地基，靠着它，我们在精神上可以获得多么稳固的锚定，而这是那些片段性的箴言式思考所不能给予的。

正如两位作者所言，本书旨在提供一种黑格尔哲学的导引。我们知道，黑格尔是一位对"导论""导引"有着深刻思考的思想家，他曾把导论形容为一把"梯子"，这把梯子可以带领读者经过灵魂的一个驿站，在这个过程中提升自己、攀爬到更高的位置，当然，是否走上这条道路，最终还是要看我们每一个个体自己的决心和努力。埃蒙茨和霍斯特曼两位作者也给了我们这把梯子，他们在本书中言简意赅地带领我们穿越了黑格尔思想的各个关键性节点，为我们理解黑格尔的问题意识和整体思路提供了清晰而深刻的提示，毫无疑问，两位作者所提供的这把梯子、所指出的这条道路，将会推动我们更深入地理解黑格尔哲学。

近年来，在德国古典哲学研究领域，众多一手和二手文献已经翻译出版，本书的翻译也可以说是对这股浪潮的参与。两位作者在文献指引中给出了许多非常好的研究性著作，其中有一些已经有了中文版，但总体还是少数，本书德文版出版后的二十余年间，又涌现出许多非常优秀的研究性著作，我们的阅读、研究和翻译速度还应再快一些。译者首先要感谢东方出版中心的陈哲泓编辑，他促成了本书的翻译和出版，并为此付出了巨大的努力；同时需要感谢上海社会科学院的谢晓川、暨南大学的汤沛丰、清华大学的洪凯源三位老师，他们通读了译者的初稿，就译法、表述方面提出了许多非常有见地的意见和批评。译者在翻译过程中广泛参考了现有的黑格尔著作译本，在此向各位前辈译者致以谢意。当然，翻译中的错谬之处仍然由译者文责自负。

最后，感谢我的妻子陈鲁夏博士，在一个从事学术如此艰难的时刻，她仍然鼓励和支持着我。感谢我的母亲，希望她不再为我感到烦心和担忧。

黄钰洲

2024 年 2 月 14 日